ARMORIAL

DE LA

FRANCHE-COMTÉ

Suivi de la Liste
des Maisons reçues dans les Chapitres
nobles de la province, dans le Parlement,
admises
au Gouvernement municipal
de Besançon, etc.

Par Adr. BONVALLET,

Membre de la Société historique-archéologique de Langres
& de Réunions historiques.

TIRÉ A CENT EXEMPLAIRES.

MONTLUÇON,

IMPRIMERIE ET LITHOGRAPHIE DE CRÉPIN-LEBLOND.

ARMORIAL

de la

FRANCHE-COMTÉ.

ARMORIAL

DE LA

FRANCHE-COMTÉ

Suivi de la Liste

des Maisons reçues dans les Chapitres
nobles de la province, dans le Parlement,
admises
au Gouvernement municipal
de Besançon, etc.

Par Adr. BONVALLET,

Membre de la Société historique-archéologique de Langres
& de réunions historiques.

BESANÇON,

BULLÉ, ÉDITEUR, LIBRAIRE DE LA BIBLIOTHÈQUE
GRAND'RUE, 119.

—

1863
1862

Montluçon, imprimerie Crépin-Leblond.

AVANT-PROPOS.

L'*Armorial de la Franche-Comté,* que je livre au public, contient les armes des maisons nobles, ou qui ont eu des droits seigneuriaux et de celles qui, bien qu'originaires d'autres pays, ont eu des établissements suivis dans la province. Ce recueil, établi avec le désintéressement le plus scrupuleux, a été dressé d'après les nobiliaires imprimés ou manuscrits des écrivains Francs-Comtois et d'après les ouvrages généraux des meilleurs généalogistes. (1)

J'ai donné, autant que possible, les dates des lettres de noblesse et des titres concédés par les ducs de Bourgogne, les rois d'Espagne et de France. Si je n'ai pas mentionné les titres, *dits de courtoisie,* et ceux qui sont tirés de la possession séculaire d'anciens fiefs de dignités, je n'ai pas prétendu, par là, en contester l'authenticité; mais dans le plan de cet ouvrage, je n'ai dû admettre que les titres régulièrement concédés.

---

(1) Auteurs à consulter : Gollut, *Mémoires sur la Gaule Séquanaise.* — Dunod de Charnage, *Mémoires pour servir à l'histoire du Comté de Bourgogne.* — Guillaume, *Histoire généalogique des sires de Salins, etc.* — Chevalier, *Histoire de la ville de Poligny.* — Labbey de Billy. *Histoire de l'Université du Comté de Bourgogne.* — Divers ouvrages imprimés ou manuscrits sur la chevalerie de St-Georges. — Ducange, *Histoire des Familles Bisantines.*—Chifflet, *1º Nobiliaire et Armorial de la Franche-Comté* — *2º Galerie des Familles nobles et patrices de Besançon,* manuscrits.—Fillard, *Nobiliaire de la Franche-Comté,* manuscrit. — *Index de la noblesse du Comté de Bourgogne,* manuscrit. (Ces manuscrits, ainsi que beaucoup d'autres ouvrages sur la province, appartiennent à M. du Ranquet de Chalus, de Clermont-Ferrand, qui les a mis à ma disposition avec une obligeance toute particulière.) — St-Julien.— Guichenon. — Paillot. — Le P. Anselme. — La Chenaye des Bois. — D'Hozier. — Cherin. — de St-Allais. — De Courcelles. — de Magny. — Borel d'Hauterive. — Gourdon de Genouillac, etc....

Les résidences indiquent le plus souvent, soit les lieux d'où les familles sont originaires, soit les localités où elles ont reçu leur première illustration. — Quant à la particule *de*, qui précède les noms, je l'ai accordée, lorsque la possession m'en a paru fondée. Son omission, du reste, n'a pas l'importance que l'usage lui attribue généralement, et son absence, suivant la juste appréciation du Conseil du Sceau des Titres, n'infirme en rien la noblesse.

En outre de l'*Armorial*, j'ai consacré un chapitre à des renseignements qui peuvent servir de pièces justificatives. Il comprend la liste des archevêques de Besançon, des Maisons reçues à St-Georges, admises dans les différents chapitres nobles, dans le parlement, et connues dans le gouvernement de la ville de Besançon. Labbey de Billy, dans le tome ii de son histoire de l'Université du Comté de Bourgogne, ayant donné la liste des familles nobles convoquées de 1556 à 1666 aux Etats de la Province, celle des fonctionnaires de l'Université, qui jouissaient des prérogatives de la noblesse et le détail du ban de l'année 1629, il m'a semblé inutile de reproduire ces renseignements :

Avant de terminer, je demande l'indulgence du public, auquel cet ouvrage s'adresse, pour les erreurs qui peuvent s'y être glissées. Les nombreuses contradictions de dates et de désignations, que l'on rencontre dans les auteurs, ont rendu souvent la vérité insaisissable. Aussi je serai toujours prêt à accueillir les réclamations fondées et je leur donnerai, s'il y a lieu, dans un supplément, qui paraîtra prochainement, toute la publicité nécessaire.

ARMORIAL

DE LA FRANCHE-COMTÉ.

A

Abbans (d') maison éteinte (†)* D'argent à la croix de gueules accompagnée de deux roses du même aux deux cantons du chef.

Accolans (d') †. — De gueules au chevron d'or.

Achey (d') †. — De gueules à 2 haches d'armes mises en pal. Devise : *Jamais las d'Achey!*

Agace (l') *alias* **La Pie.** † — De gueules au pal de..., accompagné d'un lion et d'un griffon de gueules.

Agay (d'). — Lettres de comte en 1766. D'or au lion de gueules et au chef d'azur. (On trouve des lettres de noblesse en 1464 au nom de Dagay, à Poligny).

Ageville (d'). — Originaire de Champagne. D'or à un arbre de sinople et à deux lions affrontés de gueules.

Aigremont (d'). †. — De gueules à trois croissants d'argent, posés deux en chef et l'autre en pointe. Devise : *Toujours en croissant!*

Alepy, de Salins. — L. N. (*) 1592. D'argent à un pin de sinople, fruité du même. Depuis : écartelé de Vaux, qui est : d'azur à trois bonnets d'Albanais d'or.

Alix. — Maison noble du baillage d'Aval.

Alleman de Molprey. — Écartelé au 1er et 4e quartiers, de gueules à trois aigles d'or; au 2e et 3e quartiers, d'or à trois bandes de gueules, qui est de Molprey.

Allier. — De gueules à deux fasces d'or.

Alviset de Maisières. — Lettres de baron en mars 1825. De gueules à la fasce d'or accompagnée de trois besans, 2 en chef et l'autre en pointe, et percée d'une losange du champ. Devise : *Deus et rex.*

Amance (d'). † — De sable à quatre fasces d'argent, et à la cotice de gueules brochant sur le tout.

Amance (d'). — De gueules à une tête de levrier d'argent accolée de gueules et bouclée d'or.

Amancey (d'). — De gueules à 3 coquilles d'or, posées 2 en chef et 1 en pointe.

Amandres (d'). — D'azur à la fasce d'or.

Amange (d'). — D'argent fretté de sable ; au chef de gueules.

Ambly (d'), originaire de Champagne. — Lettres de marquis en 1768, d'argent à 3 lions de sable, armés de lampassés de gueules.

Amey de Champvans. Confirmation du nom de Champvans en 1861. — De gueules au chevron d'or, accompagné en chef de deux étoiles et en pointe d'une rose du même.

Amiot, de Salins. — D'azur au chevron d'or chargé d'un croissant de gueules, accompagné en chef de 2 trèfles et en pointe de 2 osselets de morts en sautoir, le tout d'or.

Amoncourt (d'). — De gueules au sautoir d'or.

Amondans (d'). — D'azur à 3 coquilles d'or, posées 1. — 2.

Andelot de Coligny (d'). † — De gueules à l'aigle d'argent couronnée, membrée et becquée d'azur.

Andelot (d'). † — Echiqueté d'argent et d'azur, au lion rampant de gueules, armé lampassé, couronné d'or, brochant sur le tout. Devise : *Les combats sont mes ébats.*

Andressot, de Dôle. — L. N. 1656. D'azur au chevron d'or accompagné de 3 glands du même.

Angoulvent (d'). † — D'hermines au chef de gueules chargé de deux quintefeuilles d'or.

Ansies (d'). † De.... à la fasce brisée d'une étoile de....

Anvers (d'). — Voir Enskerque.

Arbois (d'), comte de Gatinara vers 1525. De sable à deux os d'argent posés en sautoir, accompagnés de 4 fleurs de lis du même. Au chef de l'empire d'Autriche.

Arbois (d'). † — D'azur à la bande d'or accompagnée de deux béliers du même.

Arbon (d'). † — De sable à la croix ancrée d'or, chargée en cœur d'un écusson d'azur au lion d'argent.

Arbonnay (d'). — D'argent à une fasce de sable.

Arbovan (d'). — De gueules à la fasce d'or, accompagnée en chef d'un lion naissant, et en pointe d'une pomme de pin, le tout d'or.

Arboz (d'). — D'argent à trois mains de......, 2 en chef et 1 en pointe.

Arc (d'). †.

Argilly (d').† — Parti de gueules et d'azur, à une croix ancrée, terminée par trois besans, et en pointe en demi-globe parvenant à la pointe de l'écu, le tout parti au premier d'or, au second d'argent.

Arguel (d'). † — De gueules à une comette d'or de 8 rayons.

Arinthoz (d'). † — D'azur à la fasce d'or, accompagnée de 5 besans d'argent, 3 en chef et 2 en pointe.

Arlay (d'). † — D'argent à la fasce de sable.

Arménie ou **Arménier**, de Besançon. † — D'azur à la fasce d'or accompagnée de 3 hermines de sable, 2 et 1.

Aroz (d'). † — De sable à la bande d'argent chargée de trois étoiles de gueules.

Artaufontaine (d'). — D'or à trois quintefeuilles d'azur, posées 2 et 1.

Arvisenet (d'). L. N. 1531 et 1624 ; Lettres de marquis 1725 D'azur à trois chevrons d'or.

Astat. — D'or au sautoir de gueules.

Athose (d'). — De gueules à cinq quintefeuilles d'argent en sautoir.

Aubert de Resy. L. N. 1630. — D'azur à un lion couronné d'argent et armé de sable.

Aubonne (d'). † — D'azur au chevron d'argent, accompapagné de deux étoiles en chef et d'un croissant du même en pointe.

Aubonne (*Voir* Marguier).

Augerans (d'). †.

Augicourt (d'). — De gueules à la croix ancrée d'or.

Aule (de l'), de Salins. †.

Auricourt (d'). † — D'argent à trois jumelles de gueules.

Aurillat. — D'argent à la tête de Maure de sable tortillée de gueules et accompagnée de trois trèfles de sinople.

Autoison (d'). — D'argent à une orle de sinople.

Auxelles (d'). † — D'or à la faulx de gueules ; *alias :* d'or à trois bandes de gueules.

Auxon (d') ou **Dauxon**, à Besançon. † — D'argent à trois épis d'or sur une terrasse de sinople ; au chef d'or chargé d'un vol de sable, surmonté d'une étoile de gueules.

Avanne (d'). † — D'or à trois quintefeuilles de gueules.

Avaugour (d'). — D'or au loup ravissant d'azur, armé et lampassé de gueules.

Avilley (d'). †.

Aymonnet de Contréglise. — Confirmation de noblesse en 1661. — Coupé de gueules et d'azur à une tour d'argent en chef, et à deux lions d'argent en pointe.

Azuel (d'). †. — De gueules à deux haches d'armes d'or en sautoir.

B

Baguinet, de Vesoul.

Bachelu. — Écartelé : au premier contrécartelé, denché d'argent et de gueules, accompagné de trois mains du même ; au second de gueules à trois feuilles d'argent ; le second fascé d'or et d'azur de quatre pièces.

Balahu de Noiron. — D'azur à quatre vergettes de gueules, au chevron d'argent brochant sur le tout ; au chef du champ chargé d'une aigle de sable.

Balan. — D'azur à un balancier d'or, sommé de trois étoiles aussi d'or en chef, et d'un croissant d'argent en pointe.

Balay (de), originaire de Rethelois. Lettres de marquis en 1711. — De sable au lion rampant d'or.

Balin. — D'azur à la fasce ondée d'argent.

Bancenel. L. N. 1609. — D'azur à trois quintefeuilles d'or, deux en chef et une en pointe, à une tête de léopard du même, mise en cœur.

Bannans (de). †.

Banne (de). Chevronné d'argent et de gueules de 6 pièces.

Bannelier. † — D'argent à un un sanglier de sable.

Barangier, de Dôle. L. N. 1503. — D'azur à la fasce d'argent chargée d'une aigle à double tête de sable, et accompagnée de trois fleurs d'argent, 2 et 1.

Barbeau de Florimond, de Montbéliard. L. N. 1675.

Barberot d'Autet. Constatation de noblesse par arrêt de 1698. — D'azur à l'aigle d'or de profil, becquée et membrée de gueules, soutenant un serpent d'or langué de gueules.

Barel ou Barey. † à Besançon.

Baressols. — D'azur à une jumelle d'or, ayant au milieu trois besans et un soleil du même en chef.

Barillet, de Pontarlier. Lettres de réhabilitation en 1589. — D'azur à 3 barillets d'or.

Barisey. — De gueules au chef d'or chargé de deux têtes de sable.

Baroz. Lettres de chevalerie. — D'azur à la fasce d'or, accompagnée de trois têtes d'aigle arrachées, du même.

Barradot, d'Arbois. — D'or à deux fasces de gueules en chef et trois quintefeuilles d'azur en pointe posées 2 et 1.

Barres (des). — D'azur à la fasce d'or accompagnée de trois croissants du même.

Bas (Le), marquis de Bouclans en 1749. — D'or au lion de gueules accompagné de trois arbres arrachés de sinople.

Bassand-de-Rans. †

Battefort (de). † — De gueules à une épée d'argent mise en pal ; au chef cousu d'azur chargé de 2 roses d'argent.

Baudequin. L. N. 1589. † — D'argent à une hure de sanglier de sable, mise en fasce et armée d'argent.

Baudoin, de Salins.

Baudoncourt (de). — D'argent à la bande d'azur accompagnée de douze billettes du même.

Bauffremont (de). Lettres de marquis en 1615 ; de prince du Saint-Empire en 1757 ; duc et pair en 1817. — Vairé d'or et de gueules. Devise : *Dieu aide au premier Chrétien.*

Baujeu (de), près Gray. † — Burelé d'argent et de gueules de dix pièces. Devise : *A tout venant Beaujeu.*

Baujeu (de), originaire d'Artois. † — D'or au lion de sable et au bâton brochant de gueules.

Baume-Montrevel (de la), originaire du Bugey. Lettres de comte en 1427 ; de marquis en 1584; de comte en 1550. — D'or à la bande vivrée d'azur.

Baume-Saint-Amour (de la). — D'or à la bande d'azur.

Baume-Mont-St-Ligier (de la). — De sable au chevron d'argent.

Baume-Montfalconnet (de la). Devise : *Là ou ailleurs.*

Baume. — D'azur à la bande d'argent chargée de trois hermines de sable.

Baumotte (de). † — De sable au sautoir d'argent.

Baux (de). † — De gueules à la comette d'argent de 6 raies.

Bavilliers, de Gray. L. N. 1726. — D'azur à la levrette accompagnée au cauton dextre d'une étoile, et au canton senestre d'une nuée, le tout d'argent.

Bavoux, de Champlitte. Maintenue de noblesse par arrêt de 1722.

Bay (de). Voir Maistre de Bay.

Bazan. — De gueules au chevron d'argent accompagné de trois besans d'or.

Bazin. — De gueules à une tête de biche d'or.

Beauvoir (de). † — D'azur à trois losanges d'argent et au lambel d'or.

Belin. L. N. par Philippe II d'Espagne. — De gueules à trois têtes de béliers d'argent

Belin de Chenecey. — Coupé d'or à un aigle d'argent et de sable, à trois quintefeuilles d'azur.

Bellevoir. — De sable à deux yeux au naturel en chef, le bas de l'écu semé de larmes d'argent.

Belmont (de). † — D'or à l'aigle de gueules.

Belot de Villette. L. N. 1531 et 1532; de chevalerie 1645. — D'argent à trois losanges d'azur, au chef cousu d'or et bastillé de trois pièces.

Belot, de Baume. — De gueules à deux besans d'argent en chef et une étoile en pointe du même ; au chef d'argent bandé de gueules.

Belvoir. † — De.. à l'aigle de..

Benoit, de Besançon. † — Fretté d'or et de gueules.

Benoit, de Lons-le-Saulnier et Dôle. L. N. 1602. — D'azur au chevron d'argent, chargé en pointe d'une étoile à cinq rayons de gueules.

Benoz de Roy. L. N. 1624. — — De gueules à la bande; le premier canton chargé d'une croix, et la pointe d'une couronne à trois fleurons, traversée d'un rameau, le tout d'or.

Berard. — De gueules à une tête de léopard d'or, surmontée d'une étoile du même.

Berchenet. — D'azur à trois cotices d'or.

Bercin, de Besançon. L. N. 1501 — D'azur à une rose d'or en pointe, et à deux rayons lumineux mouvant des cantons du chef.

Berdet. L. N. 1538.

Bereur, de Pesmes. L. N. 1602. † — D'azur au chevron d'or, accompagné en chef de deux quintefeuilles, et en pointe de trois croissants, d'argent.

Bergères. — De gueules à une branche chargée de 3 feuilles d'or en pal; au chef d'azur chargé au milieu d'une étoile d'or.

Bermont-Moustier (de). — De gueules au chevron d'argent, accompagné de trois aigles éployées de sable; une barre d'argent sur le tout.

Bernard de Montaïgu. — De gueules au croissant d'argent.

Bernard de Talode, originaire d'Auvergne. — D'azur à trois têtes de lions arrachées d'or.

Bernard de Montessus (de), originaire de Bourgogne. Baron de Vitrey par lettres de 1740. — D'azur au chevron d'or accompagné de 3 étoiles d'argent.

Berne (de). † — De... à seize billettes de... et sur le tout une bande de... chargée de trois quintefeuilles de...

Berthaud ou **Berthod**, de Poligny. L. N. par Philippe d'Espagne. — Coupé, au premier d'or, au second de gueules, à un soleil de l'un en l'autre sur le tout.

Bertin. L. N. 1501. — D'azur à trois flammes d'argent rangées en fasce et trianglées de trois bâtons d'or.

Besancenot, de Vesoul. L. N. 1612. — D'azur à un palmier arraché de sinople (faute de blason).

Bians (de). † — De gueules au sautoir d'or cantonné de douze bellettes du même.

Bichet. — D'azur à une biche d'or passant derrière des arbres de sinople.

Bichin. L. N. 1544. — D'azur à une fasce d'or accompagnée en chef d'une montagne d'or à trois coteaux de sinople; à une biche issante et naissante du premier à droite, au naturel, languée de gueules; à un besan aussi d'or à la pointe de l'écu.

Bietrix. — De gueules à la fasce d'argent et à deux trèfles d'or en chef.

Bigot. †. Originaire de Faucogné.

Billarcey, de Salins. — D'or à une épée d'azur en pal, la pointe en chef.

Billard, de Salins. L. N. 1617. — D'or au sautoir engrelé de gueules, accompagné de quatre têtes d'aigles arrachées de sable.

Billy (de), originaire de Bourgogne. †.

Binans (de). † — D'azur à la bande engrelée d'or, accompagnée de six croix pommetées du même, en orle.

Blanc (le). — De gueules au chef d'or, à un lion d'azur brochant sur le tout.

Blandans. — D'azur au chevron d'or, accompagné de trois annelets du même.

Blanchoz, de Saint-Claude. — D'azur à trois fasces d'or accompagnées de trois têtes de choux du même, deux en chef et une en pointe.

Blezy. — D'or à la fasce de sable frettée d'argent et accompagnée de six coquilles de sable, 3 en chef et 3 en pointe.

Blisterwick, originaire de Gueldres. Prince du Saint-Empire avant 1734. — D'or à trois emmanchures de gueules. Devise : *Honneur y gist.*

Blondeau, de Charnage. — D'or au chevron d'azur, chargé d'un croissant d'argent et ac-

compagné de trois œillets de gueules, feuillés et tigés de sinople.

Blye (de). † — De sable à une bande ondée d'argent accompagnée de 2 roses du même.

Bœuf de Guyonvelle (le), originaire de Champagne. Confirmation de noblesse en 1555. — De gueules au lion lampassé et armé d'argent.

Boigne (de). — De sable à un cerf montant d'argent, onglé de gueules, et les bois d'or. Devise : *Sicut desiderat cervus fontes aquarum.*

Boileau ; de Luxeuil et Besançon.

Bois (du). De sable à un chêne d'argent, aux glands de sinople.

Boisot, de Besançon. — D'or à trois tourteaux de gueules, posés 2 et 1.

Boitouzet de Poinsson. Lettres de marquis en 1718. — D'azur à la fasce d'argent accompagnée en chef de deux losanges d'or et d'une rose de même en pointe. Devise : *Sans reproche.*

Boivin. † — Tranché en ondes, d'azur et d'argent, à un croissant renversé d'argent sur l'azur ; au raisin de pourpre feuillé de sinople sur l'argent. Devise : *Conscientia et fama.*

Boncompain, à Besançon. † L. N. 1530. — D'argent au chevron de gueules, accompagné de trois croissettes du même.

Bondieu, de Salins. L. N. 1673. —D'or au chef d'argent chargé de 3 sautoirs de gueules.

Bougarçon, à Besançon. —Armes de Boncompain.

Bonmarchant (de) à Arbois.

Bonnay (de). — D'argent à trois hures de sanglier de sable, aux défenses du champ.

Bonnille (de), à Richecourt.

Bontemps, d'Arbois. L. N. 1486. — De gueules à un chevron d'or chargé de deux aiglettes de sable, et accompagné de trois croix d'or.

Bonvalot, de Besançon. † — D'argent à trois jumelles de gueules.

Bonvalot de l'Étoile. Autre famille que la précédente. †

Bocquet de Courbouzon. L. N. 1607 ; de chevalerie 1725 ; de baron 1740. — D'azur à quatre quintefeuilles d'or posées 2 et 1.

Borde (de la), à Besançon. — D'or à un hêtre arraché de sinople.

Bordey, de Vuillafans. L. N. 1503. — De gueules à deux bourdons de pèlerins posés en pal ; et à trois étoiles, l'une en pointe et les deux autres en flanc, du même.

Borquin. L. N. 1613. — D'or à la clef d'azur, accompagnée en chef de deux étoiles et d'une en pointe, du même.

Borrey (de) — D'argent à trois bandes d'azur ; au chef de gueules chargé d'un lion léopardé d'argent.

Bourdier. — D'azur à 3 roues percées d'or.

Boudot. † L. N. 1633. — D'azur à une potence surmontée de trois étoiles et accompagnée de deux cors de chasse, le tout d'or.

Boudran. — D'azur à une bande d'or chargée de 3 cœurs de gueules.

Bouhelier de Sermanges de Viseney.— De gueules à trois fasces d'or.

Bourbevelle (de). † — D'azur à une bande dentelée d'or, accompagnée de 6 croix pommetées d'or, mises en orle.

Bourg (du). Voir Dubourg.

Bourgeois de Boynes. — De… au lion léopardé.

Bourgeois-La-Tour-St-Quentin Baron de Moncley en 1634 ; comte de La Tour. — De gueules à la bande d'or, au franc canton d'azur en chef.

Bourgogne (comté). — D'azur semé de billettes d'or ; au lion du même brochant sur le tout.

Bourguignet, de Vesoul. L. N. 1578. — D'azur à l'aigle d'or essorant, mouvant de senestre et regardant un soleil du même posé au premier canton du chef.

Bourrelier de Malpas, de Salins. — D'azur à la fasce d'or accompagnée de trois trèfles d'argent, deux en chef et l'autre en pointe.

Bouttechoux de Chavanne (de) de Gray. Comte en 1765. — D'azur au soleil d'or sans

visage ; au chef d'argent chargé de trois losanges de gueules rangées en fasce.

Bouton de Chamilly, originaire
de Bourgogne. — De gueules
à la fasce d'or.

Bouton de Corberon. — Fascé
d'or et de gueules de l'un en
l'autre, de six pièces ; à un
écusson de gueules en cœur
chargé d'une aigle d'or. Devise:
Le bouton vaut bien la rose.

Bouvans (de). — De gueules
à la croix engrelée d'argent.
Devise : *Plus n'est possible.*

Bouverot. — D'azur à une tête
de bœuf sommée d'une étoile
d'or.

Bouvot (du). — L. N. (*) 1641.
D'argent à un chef de sable
chargé d'un bœuf naissant
d'argent.

Bouzies (de). — Originaire de
Hainaut. D'azur à la croix
d'argent.

Boval (de). — D'or à un griffon rampant de gueules.

Bracon (de). — (†) *

Branchet †. — D'or à 3 bâtons
noueux de sable, mis en pal ;
au chef cousu d'azur et chargé
de....

Brancion (de) . — D'azur à
trois fasces ondées d'or.

Brandins. — D'azur à 3 pommes de pin soutenues et
feuillées d'or, à un croissant
d'argent en chef.

Brans (de) †.

Brebiat (de), du Milanais. —
Parti de gueules et d'azur au
sautoir d'argent brochant sur
le tout.

Brenot. — D'argent à 3 bandes
de sable.

Bresoles. — De... à un lion de..
la queue fourchue.

Bressand d'Argilly, issu des
Argilly, suivant patentes de
1648 et 1655. — Armes d'Argilly.

Bressey (de). — D'azur à 2
fasces d'or, la première chargée d'une étoile du champ au
franc canton dextre, chargé
d'une clef de gueules.

Bresson, de Pontarlier. L. N.
1638.

Bret. L. N. 1720.

Bretenois. Lettres de réhabilitation de noblesse en 1592. —
D'azur à la bande d'or chargée de 3 étoiles de gueules.

Brétigny (de). — D'or au lion
dragonné de gueules, cou-
ronné , armé et lampassé
d'argent.

Breton, de Salins. † — D'or à
3 écureuils d'or posés 2 et 1,
à une étoile d'argent en abime.

Briot de Lisle. L. N. en 1550.
D'azur à la bande d'or chargée de 3 sautoirs de gueules.

Broch d'Hotelans. L. N. par
l'Archiduc Albert. — De gueules au hêtre arraché d'or,
soutenu d'un croissant d'argent.

Broquard de Lavernay. — De
gueules à une fasce d'argent
accompagnée de 3 étoiles
d'or, 2 en chef et l'autre en
pointe.

(*) L. N. *Lettres de noblesse.* — *(†) Ce signe remplace le mot *éteinte.*

Broquet. — De gueules au mouton rampant d'argent.

Brun (de). Lettres de marquis en 1694. — D'or à 3 grappes de raisins de pourpre, tigées de sinople.

Brunecoff, originaire de Suisse. — D'argent chappé de gueules.

Brusset de Gray.

Buffot. — D'azur à 3 croissants d'or.

Buisset, de Baume. L. N. en 1510.

Buretel. L. N. par le duc de Lorraine. — D'azur à deux fasces d'or accompagnées de 3 fers de moulins d'argent.

Buretel, de Vesoul. — De si-nople à 3 besans d'or, rangés en fasce et accostés de 2 jumelles d'argent.

Busleiden (de), du Luxembourg. — D'azur à une fasce d'or surmontée d'une rose d'argent.

Buson de Champdivers. — L. N. par l'Empereur Mathias. parti d'argent et de gueules à 3 roses posées en bandes de l'un en l'autre, sur le tout.

Bussard. — D'or à 3 fasces vairées de gueules.

Bussignecourt ou **Buffigne-court (de).** † — De sable à la bande d'argent.

Butte. — De gueules à la croix d'or.

C

Cabet, à Besançon. — D'or à la fasce d'azur accompagnée de 2 têtes d'aigle, l'une en chef et l'autre en pointe.

Cabou. — D'argent à la bande d'azur chargée de 3 étoiles d'or, accompagnée en chef d'une tête de lion de gueules, et en pointe d'un croissant du même.

Camus, de Dôle. L. N. en 1588. — D'azur à la fasce d'or accompagnée de 2 étoiles d'argent en chef, et d'un oiseau du même en pointe.

Camus, de Vesoul. L. N. en 1642 ou 1672. — D'or à 3 têtes de lion arrachées de sable.

Camus de Recologne (le). Lettres de marquis en 1746.

Canoz (de). — De gueules à la fasce d'argent accompagnée en chef à dextre d'un besan, à senestre d'une étoile et en pointe, d'une coquille du même.

Capitain. — D'azur à un diamant au naturel, en pointe, soutenant 2 palmes adossées d'argent.

Carementrant, à Vesoul. † — De gueules au chevron d'argent accompagné de 3 épis d'orge d'or.

Carondelet (de), de Dôle. — D'azur à la bande d'or accompagnée de six besans du même.

Carpet, de Luxeuil. — De gueules à une carpe d'argent en fasce.

Carteron. — D'or à une bande d'azur accompagnée de 2 roses de gueules.

Casenat, à Besançon. — Parti au premier d'azur à la tour d'argent, sommée d'une étoile du même ; au second, de gueules à la bande d'or engoulée par 2. têtes de dragons de sinople langués d'argent, et accompagnée de 2 étoiles du même.

Cécile. L. N. 1596-1613. — Bandé d'argent et de gueules de six pièces.

Cellier, de Besançon. — D'or au lion de gueules.

Cemboing (de). † — D'or à 3 bandes de gueules.

Cendrecourt (de). † — D'azur à 3 quintefeuilles d'or.

Cessé (de). — D'or à un tourteau de gueules.

Chaffoy (de). — Losangé d'or et d'azur à la fasce d'argent sur le tout.

Chaï (de). † — De sable à une moucheture d'hermine et au chef d'argent.

Chaillet. L. N. en 1544. — D'argent à 5 roses de sable boutonnées d'or et posées 2, 2, 1.

Chaillot (de), à Dôle et Briançon. Lettres de marquis en 1746. — D'azur au chevron accompagné de 3 trèfles, le tout d'or.

Chaleseule (de). † — De gueules à 2 barbeaux adossés d'or. .

Chalon (de), tige des princes d'Orange. — De gueules à la bande d'or.

Chambenot (de). †

Chamblay (de). — De sable à la croix d'argent cantonnée de 4 fleurs de lis d'or.

Chambornay (de). † — D'azur au lion d'argent.

Chambre (de la), originaire de Savoie. — Semé de France au [bouton de gueules brochant sur le tout.

Chambrier, *alias,* Chambier, de Salins. †

Chambrier, à Besançon. L. N. en 1531. — D'azur au chevron d'or accompagné de 3 croissettes abaissées d'argent.

Chameçon. — De gueules à 3 anneaux d'or.

Chamedia. — D'azur à une bande d'or accompagnée de 3 besans du même, 1 en chef et 2 en pointe.

Champ d'Assant (du). Lettres de chevalerie en 1649. — D'azur à 2 étoiles d'or en chef, et un... en pointe.

Champagne (de). — D'or au lion de gueules.

Champagney (de). — D'or au lion de gueules, et à la fasce d'argent brochant sur le tout.

Champagnole (de). † — De sinople à la bande d'argent.

Champdivers (de). † — D'azur au chevron d'or.

Champeaux (de), en Bourgogne, Champagne et Comté. — D'or à la bande de sable chargée de trois besans du champ et accompagnée de deux croix pattées de gueules. Devise : *Diex le volt.*

Champlitte (de), princes d'Archaie et de Morée. † — D'azur à 3 lions d'or.

Champs (des). — D'azur à la fasce d'argent.

Champvans (de). † — D'or à 3 jumelles d'argent.

Chandiot (de). — d'hermines à la fasce de gueules.

Change (du), à Besançon. — Semé de France, à une bande chargée de 3 quintefeuilles. Depuis : de sinople à 3 merlettes d'argent.

Chanoz, de Vorray. L. N. en 1558.

Chantonay (de). — D'or au lion de sable couronné d'argent.

Chantrans (de). † — De gueules à 3 chevrons d'argent.

Chapelle (la). — D'argent à 5 corbeaux de sable, posés 2, 2. 1.

Chapuis de Rosières, marquis en 1740. De gueules à 3 croissants d'argent.

Chapuis, à Poligny. — L. N. en 1608.

Charançonné (de). — D'or au lion de sable, armé de gueules.

Chargey (de). — De gueules au lion d'argent.

Charmes (de). — D'argent à la bande de gueules chargée de 3 quintefeuilles d'or.

Charmoilles (de). † — D'argent à la bande de sable cotoyée de 2 bâtons du même.

Charnage (de), relevée par Dunod en 1737. — D'azur à la croix d'or accompagnée de 2 étoiles du même en chef. Devise : *toujours en bon lieu.*

Charno. — De sable au lion d'argent, lampassé et armé de gueules.

Charreton d'Arlay. L. N. en 1535. — D'azur à 3 roues d'or posées 2 et 1 ; au chef d'argent chargé de 2 griffes d'oiseau de sable en sautoir.

Chaseaux (de). — De gueules au sautoir d'argent ; *alias,* D'argent à la bande d'azur chargée de 3 besans d'or, l'écu bordé de gueules.

Chasne (du). L. N. en 1590. — D'azur à une croix d'argent accompagnée en chef de 2 sautoirs raccourcis et en pointe de 2 besans d'or.

Chassagne (de). — D'argent à 3 cotices de sable.

Chassey (de). — De gueules à la fasce d'argent, frettée d'azur. Devise : *bien pour Chassey.*

Chassey (de), à Dôle. — D'azur à la fasce d'argent accompagnée de 3 étoiles d'or, 2 en chef et l'autre en pointe.

Chassignet, de Besançon. — D'azur au lion et au griffon affrontés d'argent, soutenant un bâton alisé de gueules mis en pal.

Chastelier du Mesnil, originaire du Dauphiné. — D'azur à la tour crénelée d'argent, chargée de trois donjons du même.

Chateaubelin (de), branche des comtes de Bourgogne.

Châteauvieux (de), branche de Montfaucon.

Châteauvilain (de), près St-Claude. † — Gironné de sable et d'argent de huit pièces.

Chatelet (du), originaire de Lorraine. — D'or à la bande de gueules chargée de 3 fleurs de lis d'argent.

Chatillon-sur-Lizon (de). †

Chatillon-Guyot (de), près Besançon. †

Chatot. — De sable au sautoir d'argent chargé de 5 trèfles de gueules.

Chaudet, de Besançon. † L. N. en 1471. — D'azur à l'escarboucle, fleurdelisée d'or.

Chaudey, de Valay. L. N. en 1663. — D'azur à la fasce d'or cantonnée de 4 croix racourcies d'argent.

Chaudot de Corre. Arrêt de 1861 autorisant le nom de Corre.

Chaugy (de). — Écartelé d'or et de gueules.

Chaumes (de). †

Chaumond, de Champlitte. L. N. en 1631. — D'azur au chevron d'or accompagné en chef de 2 quintefeuilles et en pointe d'un mont à 3 copeaux du même.

Chaussin (de). — De sable à une fasce d'argent accompagnée d'un croissant du même en chef.

Chauvirey (de). † — D'azur à la bande d'or accompagnée de sept billettes du même, 4 en haut et 3 en pointe.

Chavanne (de). — D'azur à 3 croissants d'or posés 2 et 1.

Chaux (de la). — De gueules à une tour d'argent sommée de 3 merlettes du même.

Chavirey (de). L. N. en 1441; de chevalerie, en 1551. — D'azur à la fasce d'or accompagnée de 3 feuilles de houx d'argent.

Chemilly (de), de Vair.

Chemilly (de), d'Arbois. — D'azur à 2 pointes d'or partant du chef, à la fasce du même, accompagnée en pointe d'une fleur de lis d'hermines.

Chenecey (de). — De gueules à 3 fasces ondées d'or.

Chenu. — D'azur au chevron d'or renversé.

Chevalot. — D'azur à la fasce d'or accompagnée en chef de 3 fers de chevaux du même, cloués de sable, et en pointe, d'une tête de cheval d'argent.

Chevannay, de Besançon. — D'azur semé d'étoiles d'argent, et à un compas ouvert d'or brochant sur le tout.

Chevigna (de), branche cadette de Toulongeon.

Chevillet. L. N. en 1544. — Tranché d'azur sur argent ; le premier , chargé d'une étoile d'or, et le second, d'un croissant de gueules.

Chicheret. — D'or à 3 têtes de femmes de carnation tortillées de gueules.

Chifflet d'Orchamps, de Besançon. Titre de comte palatin en 1555. — De gueules au sautoir d'argent, le point milieu du chef chargé d'un serpent du même, mordant sa queue.

Chilley. — D'or à la fasce de gueules.

Chin (le), de Besançon. — De sable à 3 chiens passants, d'argent.

Chissey-Vanoz (de). — D'argent au chef de 3 emmanchures de sable, chargé de 3 quintefeuilles percées d'argent ; *alias :* parti d'or et de gueules au lion brochant de sable.

Chissey-Varange (de). — D'azur à 3 tours crénelées d'or.

Choiseul (de), originaire de Champagne. — D'azur à la croix d'or cantonnée de 18 billettes du même, cinq en sautoir à chaque canton du chef et 4 posées aux angles de chaque canton de la pointe.

Chosal. — D'azur à une étoile d'or ; au chef du même chargé de 3 sautoirs raccourcis de gueules et posés en fasce.

Choye (de). † — D'argent au créquier de sinople.

Choz. L. N. 1536. — D'or au chevron d'azur, chargé en

tête d'une croissette ancrée d'argent, et accompagné en pointe d'une rose de gueules.

Chupin, de Dôle. † — D'azur à une colonne d'or, accostée de 2 palmes d'argent.

Cicon (de). † Ducs de Carithènes au XIIᵉ siècle. — D'or à la fasce de sable.

Cilly (de). — De gueules au bourdon d'or en pal, chargé au milieu d'une coquille du même.

Cintrey (de). — D'or à 3 roses de gueules, au chef du même, chargé d'un léopard passant d'or.

Cirog. — D'argent à la croix ancrée de sable.

Cise, d'Arbois. † L. N. en 1472. — D'argent à un sautoir noueux de sable.

Citeau (de), de Salins. †

Citey (de). De gueules à la bande d'or accompagnée de 12 billettes du même, posées 3, 2 et 1 en chef, et 1, 2 et 3 en pointe.

Civria (voir Syvria).

Clairon ou **Cléron.**—De gueules à la croix d'argent cantonnée de 4 croissettes fleuronnées du même. Devise : *Sonne haut clairon pour l'honneur de ta maison.*

Clément. L. N. en 1590. — De gueules au vol d'argent.

Clemont (de), originaire de Lorraine. — De gueules à une clef d'argent mise en pal.

Clerc. L. N. en 1634, à Besançon. — D'or à une écrevisse de gueules.

Clerc de Mazerolles. L. N. en 1390. — D'azur au chevron d'or accompagné de 3 roses d'argent.

Clerc, de Luxeuil. — L. N. en 1598. — D'azur à 2 jumelles d'or.

Clerc (le), de Besançon. L. N. en 1557. — De gueules à la bande vivrée d'or, au chef du même, chargé de 3 étoiles d'azur.

Clerevaux (de). — Branche de Cuseau : de... à 3 chevrons brisés d'un lambel à 3 pendants de...

Clermont-Tallard (de), originaire d'Auvergne. — De gueules à 2 clefs d'argent en sautoir, avec une fleur de lis d'or en chef.

Clermon-d'Amboise-de-Saint-Georges (de), originaire d'Anjou. — D'azur à 3 chevrons d'or, celui du chef, brisé.

Clervans (de). — Branche d'Oiselet.

Coges (de). — De gueules au chevron d'argent.

Cointet, de Beaune. L. N. en 1595. — De sable à un sautoir d'argent et au chef d'or.

Colard de Champvans. † — D'argent à 2 demi-croissants renversés de gueules en chef, et à une flamme du même en pointe.

Coligny (de). Voir Andelot.

Colin-de-Valloreille, de Pontarlier. L. N. en 1535. — D'or à 3 têtes d'aigles, arrachées de sable et posées 2 et 1.

Colin-d'Arçon. L. N. en 1629.
— De gueules à une bande
d'argent accompagnée d'une
étoile du même en chef.

Collette, de Gray. L. N. —
D'azur à 3 étoiles en chef, et
à une montagne surmontée
d'une aigle en essor, le tout
d'or.

Colombier (de). — D'argent
à la croix de gueules.

Colombet. Confirmation de
noblesse par arrêt de 1739.
— D'azur à 3 colombes d'argent.

Colombey (de). — De gueules
au chef d'argent chargé de
3 coquilles aussi de gueules.

Combaron (de). — D'argent à
la fasce de gueules chargée
d'une coquille d'or, et accompagnée de 3 têtes d'aigles
de sable, becquées de gueules.

Combes (de). — De gueules à
la bande d'or accompagnée
de 4 billettes du même, posées 2, 1 en chef et 1 en
pointe.

Compagny, seigneur de Cour-
vières.

Conflans (de). — De gueules
à la fasce d'argent frettée
d'azur.

Constable (de), originaire de
Suisse. — D'or au levrier
rampant de sable, colleté
d'argent.

Contot. L. N. en 1595. — De
gueules au chevron d'argent
accompagné de 3 hermines
d'or.

Contréglise (de), voir Aymonnet.

Conzié (de), originaire de
Savoie. — d'azur au chef
d'or chargé d'un lion issant
de gueules.

Coquelin de Germigney. L. N.
en 1502 ; de marquis, en
1717 et en 1740. Autorisation
de quiter le nom de Coquelin
en 1633. — D'azur à 2 licornes affrontées d'or, armées
d'argent, les cornes passées
en sautoir. Devise : *en atten-
dant mieux, Germigney.*

Coquelin, de Salins. — D'azur
à 3 coquilles d'argent posées
2 et 1.

Coquillaux. — D'azur à 3 coquilles d'or posées 2 et 1.

Corcondray (de). † — D'azur
au lion couronné d'or.

Cordemoy, Sr d'Auricour. † L.
N. en 1600. — D'azur au
soleil d'or en chef et à une
colline de 3 coteaux d'argent
en pointe.

Cornot de Cussy. — D'azur au
chevron brisé d'argent, accompagné en chef de deux
étoiles d'or et en pointe d'un
cornet d'or lié du même.
Devise : *oncques ne faillit.*

Côtebrune (de). † — De
gueules au sautoir d'or.

Coublanc (de). — D'argent au
chevron d'azur.

Coublans (de). — D'or à la
clef de sable mise en pal.

Couchon, à Poligny. — D'azur
au chevron d'or brisé en

pointe, d'une hure de sable, et accompagné de 3 fers de lance d'argent, 2 en chef et l'autre en pointe.

Couhé (de). — Écartelé d'or et d'azur à 4 merlettes de l'un en l'autre.

Coulenges (de). — D'argent à une croix dentelée de gueules.

Cour (de la). — De vair à la bande d'argent brochant sur le tout.

Courbessain (de). — De gueules à un cuissardet d'azur éperonné et armé d'or.

Courbouzon (de) †*. — D'or à la fasce de gueules et au lion du même, naissant en chef.

Courlaou (de), branche cadette de Vaudrey.

Courlet de Boulot et Vrégille. — De gueules au chevron accompagné en chef de 2 étoiles et en pointe d'un cœur, le tout d'or.

Courroy. L. N. * en 1463.

Courtaillon. — De gueules au mouton pallé d'argent.

Courtelery. — De gueules à la bande d'argent chargée de 3 fers de piques renversés, aussi de gueules.

Courtemanche. — D'argent au sautoir de gueules, chargé de 5 besans d'or.

Courvoisier, de Lons-le-Saunier. — D'azur à 3 cœurs d'or.

Cousin, de Noseroy, L. N. par Charles-Quint. — D'azur à la fasce d'argent, chargée d'un serpent étendu de sinople, et accompagnée en chef d'un oiseau essorant d'argent, becqué et membré d'or.

Crécy (de), originaire de Bourgogne. — D'argent au lion de sable, langué, armé et couronné de gueules ; l'écu bordé aussi de gueules.

Crestin d'Oussières, d'Orgelet. — De sable au chevron d'or accompagné de 3 larmes d'argent.

Crevoisier, établie en Lorraine, où elle obtint en 1706 un arrêt de confirmation de noblesse. — D'argent, à 3 palmes d'argent en pal ; celle du milieu plus élevée.

Crosey (de). — D'argent à un ours menaçant de sable, armé de gueules.

Cugnet de Germigney. — *Alias:* Cuinet, de Noseroy. L. N. en 1517. — De gueules à 3 couleuvres d'or.

Culant. — D'azur à 3 lions d'or et à 9 sonnettes du même.

Cult (de). — De gueules à 3 pals d'argent.

Cusance (de) †. D'or à l'aigle éployée de gueules.

Cuseau (de), originaire de Bresse. — De... à 3 chevrons.

Cusevan. — D'azur à une tour d'argent.

Cussemenet. — De gueules au chevron d'argent accompagné de 3 croissants montants d'argent.

Cuve (de), voir Queuve.

'(†) Ce signe remplace le mot *éteinte*. — (*) L. N. *Lettres de noblesse*.

Daguet. — D'azur à une fasce accompagnée en chef d'un trèfle cotoyé de deux dagues dressées en pal, la pointe en bas, et à la pointe de l'écu, d'une dague placée entre 2 trèfles, le tout de.....

Damathard, de Besançon.

Damas (de), en Champagne et Comté. — D'or à la croix ancrée de gueules.

Damas de Vrillières (de). — d'argent au fusil de sable, et à l'orle de 6 quintefeuilles de gueules.

Damedor, de Vesoul. Lettres de chevalerie en 1629. — D'azur à la croix de Lorraine d'argent.

Dammartin (de). — Fascé d'azur et d'argent de 6 pièces, à la bordure de gueules.

Dampierre-sur-Salon (de) †. — De gueules à 3 barbeaux d'argent adossés d'or.

Dampierre-sur-Doubs (de) †. — Mêmes armes que Clermont-Tallard.

Daniel de Chevannay, voir Chevannay.

Daniel-Fosseurs, de Besançon. —d'azur à 3 fosseurs démanchés d'argent, posés 2 et 1.

Darcey. — D'azur au franc quartier d'or.

Dard. — Un sautoir engrelé.

Dardenet. — D'azur à la bande d'argent chargée de 3 merlettes de sable et accompagnée de sept billettes d'or, 4 en chef et 3 en pointe.

Darud. L. N. en 1561. — D'azur à 2 dards d'argent armés d'or, posés en forme de chevron brisé, et accompagnés de 3 étoiles aussi d'or.

Dauxon, voir Auxon.

David, à Salins. L. N. par Maximilien. — D'argent au sautoir engrelé de sable.

Dayne ou **Dague.** — D'argent à 2 pals de gueules.

Dazut, de Besançon. — De..... à 3 croissants en chef.

Delesme, de Dôle. — De gueules au chevron renversé d'or.

Delley d'Asnens (de), originaire du pays de Vaud. — D'azur au lion d'or armé et lampassé de gueules, à 2 cotices d'or sur le tout.

Demongenet. — De gueules au cheval ailé d'argent.

Denis †. — De gueules à 2 yeux larmoyants, au naturel, les larmes d'argent, en chef, et à une rose d'or en pointe.

Desbiez. Lettres de baron de de St-Juan en 1786. — De gueules à 3 étoiles d'or posées 2, 1 et à une bande ondée d'argent en pointe.

Deschamps, voir Champs (des).

Despotots, de Besançon. L. N. par Louis XI; de chevalerie en 1531. — D'azur au pot d'or rempli de 3 fleurs de lis d'argent, tigées du même.

Desprez. Autorisation de porter le nom de Gesincourt, par arrêt de 1861.

Devers, voir de Vers.

Diesbach (de), originaire de Suisse. — De sable à la bande engrelée d'or, accompagnée de 2 lions contournés du même.

Dôle (de) †. — Coupé d'argent sur azur.

Dombasle (de) †.— De Sinople à l'aigle d'argent, armée et couronnée de gueules.

Domet de Vorges et de Mont, confirmation de noblesse par arrêt de 1751. — D'argent, au chêne de sinople, chargé de glands du champ.

Domprey (de). — De sable à la bande ondée d'argent.

Donzel, de Besançon. — Papelonné d'or et de sable.

Doroz, de Poligny. L. N. en 1598. — D'or à la fasce d'azur chargée en cœur d'une rose d'argent. Devise : *honor alit artes.*

Dorival, voir d'Orival.

Dortans. — De gueules à la fasce d'argent accompagnée de 3 annelets du même.

Doux. — Contrepallé d'or et de gueules de 6 pièces.

Doyen de Laviron. — D'or à la fasce d'azur.

Drée. — De gueules à 5 merlettes de gueules posées, 2, 2 et 1.

Drouhot, de Dôle. — D'azur à 3 roues d'or.

Droz-de-Vaivre, de Vesoul et Pontarlier.

Drulley. — De gueules à 3 glands d'or, la queue en bas.

Duban, de Gray. — D'azur à la fasce accompagnée en chef d'un oiseau essorant et en pointe d'une croissette, le tout d'argent.

Dubourg-Miroudot, originaire de Lorraine. L. N. en 1512, confirmation en 1771. — D'argent au cerf au naturel couché sur une terrasse de sinople, chargé sur l'épaule d'une quintefeuille percée d'azur ; parti de gueules à 2 lions d'argent affrontés, et lampassés de gueules.

Duchesne, voir du Chasne.

Ducq de Rabeur. L. N. en 1602. — Coupé de gueules et d'argent à un lion de l'un en l'autre, armé et lampassé d'or.

Duilly (de), burelé d'or et de gueules de 8 pièces.

Dully (de). — D'or au lion de sable, l'écu chargé de billettes du même.

Dunod de Charnage. Lettres de confirmation de noblesse en 1737. — D'azur à la fasce d'or accompagnée de 3 besans du même, 2 en chef et l'autre en pointe.

Duprel. — De gueules au chevron engrelé d'or, accompagné de 3 étoiles rayonnantes du même.

Durand de Gevigney. Reconnue noble en 1702. — D'azur à fasce d'or accompagnée de 3 trèfles d'argent. Devise : *Endurant j'espère !*

Durestal (de). — Coupé d'or et d'azur au lion brochant de gueules.

Durne ou **Durney (de)** †. — De.... au lion brochant.

Dusillet, seigneurs des Goubots, Lanoncourt.

Dusin, de Dôle.

Eberlin (d'). — D'azur à 2 tours d'argent, maçonnées de sable.

Emonard, de Cugny. Autorisation d'armoiries en 1651. — De sinople à la bande d'or accompagnée de 2 heaumes d'argent.

Enskerque d'Anvers (d'), originaire de Hollande. Confirmation de noblesse par Charles-Quint. — D'azur à 3 harengs mis en fasce, posés l'un sur l'autre et couronnés d'or.

Epenoy (d') †. — De gueules à 3 croissants d'argent.

Erlac (d'). — De gueules au pal d'or chargé de 3 chevrons de sable.

Escarrot †. L. N. par Charles-Quint. — De gueules au sautoir engrelé d'or.

Eschenoz (d'). — D'argent à la fasce d'azur chargée de coquilles d'argent.

Escrilles (d'). — D'argent à la croix de sable, au chef endenché de 6 pièces du même.

Esmars. — D'azur à 3 coquilles d'or.

Espéry. — D'azur à la croix d'or; écartelé d'or à 4 pointes d'échiquier de gueules.

Essertenne (d') † D'azur à la bande d'argent accompagnée de 3 étoiles du même, posées 2 en chef et l'autre en point

Estavayer (d') †. Originaire de Suisse. — Pallé d'or et de gueules de six pièces, à la fasce d'argent chargée de 3 roses de gueules.

Esternoz (d') †. — De gueules à la fasce d'argent accompagnée de 3 arrêts de lance du même.

Esterno de Molamboz (d'), de Salins. L. N. en 1415, L. de comte en 1724. — De pourpre à la fasce d'argent chargée d'une coquille du champ.

Estey (d'). — D'azur à 2 lions affrontés d'or, soutenant de leurs pattes de devant un sautoir raccourci de gueules au chef d'argent chargé d'une aigle de gueules. Devise : *De toutes les saisons l'Esté me plaist.*

Estienne, de Besançon. — D'or au chevron de sable chargé d'une croissette et de 2 trèfles, le tout d'argent, accompagné de 3 arbres arrachés de sinople.

Estrabonne (d') †. — D'or au lion d'azur.

Ervans. — De gueules à la croix d'argent cantonnée de 4 coquilles du même.

Etelan. — D'argent à une tête de maure de sable, tortillée de gueules.

Euvrard. — D'azur à 3 navettes d'argent.

F

Fabry. — De sable à la bande d'argent chargée de 3 glands de sinople, la queue en haut.

Faivre (le). — D'or au chevron de gueules accompagné de 3 coquilles d'azur.

Falerans (de). — D'argent à la bande de sable cotoyée de deux bâtons du même.

Faletans (de). Lettres de marquis en 1712. — De gueules à l'aigle d'argent. Devise : *Une fois Faletans !*

Falletel. — D'azur au lion d'argent.

Fallon (de) †. — D'azur à 3 besans d'or.

Farod. — De gueules à la croix ancrée d'argent.

Fan de Raze, de Besançon. — D'or au chevron de gueules, chargé d'un croissant d'argent en cîme, et accompagné de 3 têtes d'artichaud du même.

Fauche de Dompré. — L. N. en 1578, de chevalerie en 1604. — De gueules à 3 têtes de licornes d'argent, deux affrontées en chef et l'autre mise en pointe.

Faucogney (de) †. — D'or à 3 bandes de gueules.

Faulquier de Chauvirey †. Confirmation de noblesse en 1559. — D'azur à 3 faulx d'argent emmanchées d'or.

Faulquier, de Lons-le-Saunier. L. N. en 1400. — Coupé d'or et d'azur, le premier chargé d'une aigle de sable, le second d'un chevron d'or accompagné de 3 faulx d'or.

Faure. — D'argent à l'arbre arraché de sinople, au chef d'azur chargé de 3 étoiles d'or.

Favernay (de). — D'or au lion de gueules, armé, couronné et lampassé d'azur.

Favier. — D'azur à 3 étoiles d'or et au croissant d'argent en abîme.

Favières, de Vesoul. — D'or à 3 gousses de fèves d'azur.

Favières, de Gy. L. N. en 1558. — D'or à 3 pommes de pin de sable.

Faye (la). — D'argent au chevron d'azur.

Febure (le), voir le Faivre.

Febvrier (de). — D'or au lion parti d'azur et de gueules.

Feuillan. — Écartelé d'argent et de gueules.

Feligny. — D'argent à la croix ancrée d'argent.

Fenix. — D'or à un phénix de sable essorant d'un brasier de gueules.

Ferrier du Chatelet (de), originaire de Lorraine. — D'argent à 4 fers de lance d'azur appointés en sautoir.

Ferroillat, de Salins †.

Ferrières (de). De sable au chevron d'or.

Ferroux (le). — De gueules à
3 besans d'or.

Ferrufin , originaire du Milanais. — De gueules à la
bande d'or , au chef aussi
d'or , chargé d'une aigle
éployée de sable.

Fertans (de). — D'argent à
la fasce d'azur chargée de 3
étoiles d'or.

Ferté (de la), à Besançon. —
De sable à 3 jumelles d'argent.

Fetigny (de). De gueules à
3 chevrons d'or.

Feurs (de). — Losangé d'or
et de sable.

Fevrier, voir Febvrier.

Filain (de). — De gueules à 5
merlettes d'argent posées ,
2, 2 et 1.

Finetas. — De sable à une
quintefeuille d'or.

Flaget (de), branches de Pon-
taillé et d'Oyselet.

Flammanchet. — Emmanché
de gueules et d'hermines.

Flammerans (de) †. — D'azur
au sautoir engrelé d'or, accompagné de 4 flammes du
même.

Flavigny (de), voir Menart.

Florance (de). — D'azur à 3
roses d'or mises en fasce
près du chef.

Florence (de). — D'azur à
une épée d'argent en pal,
accompagnée de 3 étoiles d'or,
2 en pointe et l'autre en
chef.

Florimont. — D'azur au chevron d'or, à une montagne

de 3 copeaux d'or, partant de
la pointe de l'écu, et chacun
des copeaux chargé d'un lis
d'argent tigé et feuillé de
sinople.

Fluchet †. — Coupé de sable
et de gueules au croissant
d'argent sur le tout.

Flusin, de Besançon. — Connue
dans des gouverneurs de
Besançon.

Foillenot-d'Autricourt.

Foisseret. — D'azur au cerf
passant d'argent , sommé
d'une étoile du même.

Foissotte †. L. N. en 1652, et
de chevalerie en.... — D'azur
à 3 besans d'or posés 2 et 1.

Foissy (de). — D'azur à un
cygne d'argent becqué et
membré de sable.

Folin (de), originaire du duché.
Titre de marquis au xviie
siècle. — De gueules au
hêtre arraché d'or, soutenu
d'un croissant d'argent en
pointe. Devise : *Folium ejus
nunquam defluet.*

Fondrement (de) †. — De
gueules à l'aigle d'or, chargée
d'un lambel à 4 pendants
d'azur.

Fonvens (de). — De gueules
à 5 fasces d'or, la première
chargée d'un croissant d'azur.

Forest de Divonne (de la), à
Besançon, originaire de Savoie. — De sinople à la bande
d'or , frettée de gueules.
Devise : *tout à travers.*

Fosseux, voir Daniel.

Foucherans (de). — De sable

à 2 bourdons de pèlerins d'argent, en pal, à la coquille d'or en chef.

Fouchers. — De sable au lion d'argent.

Fouchiers (de). — D'azur à la fasce d'argent accompagnée en chef de 3 étoiles du même.

Fougerolles (de). — De gueules au chef de vair.

Fourcault. — D'azur au sautoir d'or.

Fraisan (de). — De gueules à l'aigle d'argent chargée d'un lambel à trois pendants de sable.

Franche-Comté, voir Bourgogne-Comté.

Franchet (de). L. N. en 1551, de marquis en 1745. D'azur à une tête de cheval d'argent.

Francières (de). — D'argent à la croix ancrée de sable et percée du champ au milieu.

Franquemont (de). Lettres de baron en 1720. — De gueules à 2 bars adossés d'or.

Francolin, de Besançon. — D'azur à 2 chevrons de gueules, le premier surmonté de 2 faisans couronnés d'argent, à l'aigle d'argent chargée d'un sautoir de gueules en pointe (armes fausses en principe).

Frasne le Chatel (de) †. — D'argent à la fasce de gueules, accompagnée de six.... de sable, 3 en chef et trois en pointe.

Frasne (de). — Coupé d'or sur azur.

Fresnois (de). — De gueules au lion d'argent.

Friant (de). D'azur à la bande engrelée d'argent.

Froissart de Broissia (de). Lettres de marquis en 1691, en 1697, en 1748 ; de comte, en 1739. — D'azur au cerf passant d'or.

Frolois (de). — D'or à la bande de 6 pièces d'azur, à la bordure engrelée de gueules.

Froment. — De gueules à une gerbe d'or.

Fromentel (de) — D'azur au sautoir d'argent, cantonné de 4 épis de blé d'or.

Frontenay. — D'azur à 5 annelets d'argent mis en sautoir.

Fruin, de Poligny. — D'azur à un chevron d'azur chargé de 3 étoiles d'or (armes fausses en principe).

Fusils (des). — D'or à la bande d'azur et à la bordure engrelée de gueules.

Fussey (de). — D'argent à une fasce de gueules, accompagnée de 6 merlettes de sable, 3 en chef et 3 en pointe.

Fyard de Gevigney, de Vesoul. Arrêt confirmatif de noblesse en 1789. — D'azur à une foi posée en fasce et surmontée d'un cœur enflammé, le tout d'argent.

G

Gabriel. — De sable à 3 têtes de lion mises en fasce et posées 2 et 1.

Gagnefin, à Salins. — De sinople à 5 losanges d'or en bande, accompagnés en chef d'une étoile d'argent.

Gagnon de Marnay. L. N. en 1576. — D'azur à une colombe d'or, portant à son bec un rameau de sinople et soutenue d'un croissant d'argent.

Gaillard. — De sable à 3 besans d'or et au chef d'argent.

Gaillard, Seigneurs de Beaulieu. — D'azur à un agneau pascal tenant sa croix, le tout d'argent et passant sur une terrasse de sinople.

Galaffin (de) †. — Echiqueté d'argent et d'azur.

Gallard. — De gueules à la bande d'argent accompagnée en chef et en pointe de 2 serpents tortillés d'or.

Gaillardet †.

Galliot, à Besançon †. — D'argent à un vaisseau d'argent.

Gallois, de Poligny. — D'azur à la bande d'or accompagnée en chef et en pointe de 2 branches pallées en sautoir.

Galvalet. L. N. en 1628. — De gueules à un demi bras armé de son gantelet, tenant une épée, le tout d'or.

Garinet, à Besançon. L. N. par Charles-Quint. — De sinople au chef cousu de gueules, chargé d'un cygne accolé d'une couronne d'or.

Garnier, à Salins. — D'azur au chevron d'or accompagné de 3 molettes du même.

Garnier de Faletans et de Parthey. — Lettres de chevalerie en 1551, d'azur à l'agneau pascal d'argent, tenant une bannerette du même, chargée d'une croix de gueules, au chef de l'empire. Devise : *Sic clam et palam.*

Gaucher, voyez Varoz.

Gaudoncourt. — D'argent à une quintefeuille d'hermines.

Gaudot, à Besançon. L. N. en 1624. — De gueules au chevron d'or chargé de 2 aigles éployées de sable, et accompagné de 3 lionceaux, les 2 du chef affrontés.

Gauthiot-d'Ancier. — D'azur à un oiseau ou gautherot essorant d'argent, armé et couronné d'or.

Gauvain. L. N. par le duc Jean-sans-Peur. — De gueules à l'étoile d'argent.

Gay-de-Marnoz. Confirmation de noblesse en 1738. — D'azur à 2 chevrons d'or, accompagnés de 2 étoiles en chef, d'un croissant en cœur et d'une étoile en pointe, le tout d'argent. Devise : *En tout Gay*.

Genevoix. — D'azur à la fasce diaprée d'or et de sable.

Genevrey (de). — Burelé d'or et de gueules de 10 pièces.

Genoz (de) *†. — D'azur au chevron d'argent, componné de gueules, accompagné de 3 têtes de léopards d'or, bouclées de sable.

Gerard de Queutrey. L. N*. en 1619. — De gueules à un levrier courant d'argent accolé de sable, cloué, bordé et bouclé d'or; au chef du même, chargé de 3 molettes aussi de sable.

Gerard, à Vuillafans. L. N. en 1589. — Taillé d'argent et de gueules à un lion de l'un en l'autre, lampassé et armé d'azur, tenant de la droite un foudre éteincelant aussi de gueules.

Gérèzé. — De gueules au griffon d'argent; au chef cousu d'azur et chargé de 3 étoiles d'or.

Germain, de Besançon. Un évêque de Nevers et Châlons.

Germiguey (de) †. — D'argent emmanché de 3 pièces de sable.

Germigney, voir Coquelin.

Germoles. — De gueules à 3 besans d'argent.

Gestones. — Parti de sable et d'argent; au chef de gueules.

Gesier. — De sable à la fasce d'argent.

Gevigney (de) †. — Relevée par de **Poinctes.** — Burelé d'or et de gueules de six pièces.

Gilbert. *Alias*, Gillebert, de Baume. L. N. en 1605. — De gueules à 2 jumelles d'or et à une étoile d'or en chef.

Gillaboz (de), d'Arbois. Confirmation de noblesse en 1620. — D'azur à 3 pigeons d'argent becqués et membrés de gueules. Devise : *Rerum prudentia victrix*.

Gilley (de), de Salins. — L. N. en 1494; confirmation de noblesse en 1501 ; Lettres de baron vers 1557 ; lettres de chevalerie en 1605. — D'argent à un chêne de sinople.

Gisier ou **Gilier.** — D'or au chevron d'azur accompagné de 3 macles de gueules.

Glanne (de), d'Arbois. L. N. en 1516 ; lettres de baron en 1746. — D'azur au chevron d'or accompagné de 3 glannes ou noisettes de blé du même.

Glans de Cessiat (de), de Saint-Amour. — De gueules à 3 flèches d'argent et au chef d'azur chargé de 3 glands d'or.

Glères (de), à Besançon †. — De sable à une coquille d'argent.

Goguenay. — De gueules à 3 pigeons d'argent.

Gollut, de Pesmes. — D'argent au pélican avec sa pitié de sable.

Gonssans (de). — D'or à la bande de gueules chargée de 3 quintefeuilles d'argent.

(*†) Ce signe remplace le mot *éteinte*. — (*) L. N. *Lettres de noblesse*.

Gorrevod (de), originaire de Bresse †. Lettres de marquis en 1702 ; de duc de Pont-de-Vaux et de prince du Saint-Empire en 1623. — D'azur au chevron d'or, et aussi écartelé de Rivoir qui est de gueules à 3 fasces d'argent, et à une fasce d'azur chargée de 3 fleurs de lis d'or, brochant sur le tout.

Gouhenans (de). — D'azur à 9 losanges d'argent.

Gourdan-de-Fromentel. Confirmation du nom de Fromentel en 1861.

Goux (de) †. — De sable au lion d'or armé et lampassé de gueules. Devise : *Sans defaloir.*

Grachaux (de) †. — D'or à la fasce de sable.

Grammont-Granges (de). Lettres de baron en 1628 ; lettres de comte en 1656 ; lettres de marquis en 1718. — Ecartelé du 1 et 4 ; de gueules au sautoir d'or, qui est de Granges ; au 3 et 4, d'azur à 3 bustes de reines de carnation, couronnées d'or à l'antique, qui est de Grammont. Devise *: Dieu ayde au gardien des Roys.*

Grand (le), Seigneurs de Charchillat. — De gueules à la fasce de vair.

Grant , de Salins †. — De gueules au chevron de sable chargé de 4 tourteaux d'argent et accompagné d'un tourteau du même en chef.

Grandjean, seigneurs de Romain †. — D'azur au chevron d'or accompagné de 3 têtes de cerfs du même.

Granges (de) †. — De gueules au sautoir d'or.

Granvaux ou **Granval** (de) †. Originaire de Savoie.

Granvillars (de) †. Originaire de Ferrette. — D'azur à 3 écussons d'argent.

Granson (de), originaire de Suisse. — Pallé d'argent et d'azur de six pièces, à la bande d'or accompagnée de 8 billettes du même, posées 3 et 1 en chef, 1 et 3 en pointe.

Gravelle. — D'argent au hibou d'azur.

Gregoire, seigneurs de Villeferroux, à Vesoul. L. N. en 1529 et 1616. — D'azur à la bande d'or accompagnée de six croissettes recroissetées au pied fiché d'argent, en orle ; au chef d'or chargé d'une aigle de sable.

Grenier, à Besançon. — D'argent à 3 chapeaux à l'antique, de sable ; écartelé au 2 et 3 de gueules à une balance d'or.

Grevan. — D'hermines au chef vairé d'or et de gueules.

Grignet-d'Eugny.

Grisselles-d'Augerans. — D'azur à 3 tours d'or.

Grivel de Perrigny (de). Lettres de chevalerie en 1640 ; de comte, vers 1780. De gueules au chevron accompagné en chef de 2 étoiles et en pointe, d'un croissant surmonté de 3 fuseaux d'or depuis le XVIIe siècle, les armes sont : d'azur à 3 potences d'or.

Grivel de Bart (de), branche cadette de la précédente. Lettres de réhabilitation en 1659. — Armes de Grivel ancien.

Gros, de Vesoul †. — D'azur à la fasce d'argent, accompagnée de 3 sautoirs raccourcis du même, 2 en chef et l'autre en pointe.

Grosjean, à Faucogney. — D'azur au chevron d'or accompagné à dextre et en chef d'un croissant d'or ; à senestre, d'une quintefeuille du même, et en pointe, d'une croissette de gueules.

Groson (de) †. — D'azur emmanché d'or de 2 pièces.

Grospain, à Ornans. — D'azur à la fasce d'or accompagnée de 3 besans du même, 2 en chef et l'autre en pointe. Devise : *Faute d'autre*, *Grospain*.

Grusset, de Champlitte, relevée par Richardot. — Lettres de noblesse et de chevalerie en 1610 ; lettres de comte de Gamerage en 1623. — D'argent à une écrevisse de gueules.

Guierche (de la) †. — De gueules à la fasce d'argent accompagnée de 3 cygnes d'argent, deux en chef et l'autre en pointe.

Guibourg, de Besançon. — L. N. en 1629. — D'azur à la fasce d'or accompagnée de 2 coquilles en chef et d'un soleil de 12 rayons et à face humaine, du même en pointe.

Guinel. Lettres de réhabilitation de noblesse en 1580.

Guillamet, de Salins. L. N. en 1598. — D'or tranché de gueules à 2 lions de l'un en l'autre.

Guillaume. — D'azur à 3 quilles d'or posées 2 et 1.

Guillegard de Prantigny.

Guillemin, seigneurs de Vittorey.

Guillet, de Clerval †. D'azur à 3 quilles d'or posées 2 et 1, à une couronne à 3 fleurons du même, au point milieu du chef.

Guillot de Montmirey. — D'argent à la bande de sable cotoyée de 2 bâtons du même.

Guillot, à Clerval. — D'azur à 3 coquilles d'or.

Guyot de Vercia. Arrêt confirmatif de noblesse en 1763.

Guyot de Maiche et Malseigne (de). — D'azur au chevron d'or accompagné de 2 roses en chef et d'une étoile du même en pointe.

Gy (de) †. — D'azur à la croix d'or.

H

Hacquené, à Besançon. — D'azur à la haquenée d'argent,

Habitey, à Besançon. — D'or à la fasce de gueules.

Haraucourt (d') †. — D'or à la croix de gueules, et au franc quartier dextre, d'argent chargé d'un lion de sable.

Arbamey. Originaire de Piémont. — D'azur à la fasce d'or.

Harlay (d'), fixée à Paris. — d'argent à 2 pals de sable.

Harpenans (d'). — De sable au lion d'or armé et lampassé de gueules.

Haye (de la), seigneurs de Tresilley. — Fascé et engrelé d'argent et d'azur, de six pièces.

Henrion. — De gueules à un cuissard botté et éperonné d'or.

Henry, de Besançon. L. N. en 1613. — D'or à une montagne à 3 coteaux de sinople, surmontée de 2 branches d'olivier du même, en sautoir. *Alias :* d'or au lion de sinople, et au chef d'or chargé de 2 rameaux de sinople en sautoir.

Hermant. — De gueules au lion d'argent sommé de 2 étoiles d'or.

Hièvre (d') †.

Horloge. — D'azur à la fasce d'or.

Houx (le). — D'azur à 3 bandes d'argent et à 3 losanges d'or mises en barre.

Hugon. L. N. en 1530. — De gueules à la bande ondée d'or, accompagnée de 2 aiglettes d'argent, l'une en chef et l'autre en pointe. Avant 1530, Hugon portait : D'azur à 3 gonds d'argent.

Huot. — D'azur à une bande d'or accompagnée en chef d'une étoile du même et en pointe d'un croissant d'argent.

Huot-d'Ambre et de Vezet. — De sable à 3 têtes de levriers d'argent, lampassées et colletées de gueules annelées et clouées d'or.

Hus (de). — De gueules à la bande d'argent chargée de 3 coquilles de sable.

Husie, voir Usie.

Huvé (de) , au diocèse de Besançon.

I

Igny (d') †. Titre de comte de Frontenois au XVIIe siècle. — Burelé d'argent et de gueules de 10 pièces. Devise : *Seta comburet ignis.*

Illiers (d') †. — D'or à 6 macles de gueules.

Inglois, à Gray. L. N. en 1584. — D'azur à 3 triangles d'or posés 2 et 1.

Iselin (d'). Originaire de Suisse. Titre de baron du Saint-Empire vers 1650. — De gueules à la fleur de lis d'or mise en bande ; on trouve aussi ces armes, écartelées de l'empire, et sur le tout, un écu ou cartouche d'azur chargé des caractères *FIII.*

Ivory (d'). Lettres de comte en 1817. — De sable à 3 besans d'argent.

J

Jacquard, de Dôle. — D'azur à la croix fleuronnée d'or.

Jacquelin (de). — D'azur à 3 étoiles d'or.

Jacquemain. — D'azur à 3 épis d'or et au croissant d'argent en abîme.

Jacquemet de St-Georges, de Pontarlier †. — D'or au lion d'azur armé et lampassé de gueules, la queue fourchée et passée en sautoir. — On trouve aussi : d'azur à la bande d'or accompagnée de 2 cerfs courants du même.

Jacques, de Lisle †. L. N. en 1437. — De gueules à une étoile d'or dans un cercle du même.

Jacquinot de **Goux** et d'**Auxon**. — De gueules à 3 étoiles d'or en chef et à une main au naturel, en pointe.

Jaillon, d'Arbois †. — De gueules à 3 besans d'or mis en fasce entre 2 burelles d'argent.

Jannot de **Courchaton**. — D'argent à la bande d'azur chargée de 3 coquilles du champ.

Jantet, de Besançon †. — D'argent à 3 bandes d'azur, au chef de gueules chargé d'un lion aussi d'argent.

Jaquot (de). L. N. en 1008. Confirmation 1571 et 1588. Marquis d'Andelarre en 1760;

de Jaquot en 1777. — D'argent à 3 pensées d'azur tigées, feuillées de sinople et posées 2 et 1.

Jarlin. — De gueules au chef d'or chargé de 2 molettes d'éperons de sable.

Jault, de Poligny. — D'azur à la fasce d'or accompagnée de 2 étoiles d'argent en chef et en pointe, de 2 roses du même, tigées et feuillées de sinople.

Javel, seigneurs de Villers-Farlai. — D'azur à la fasce de sable accompagnée de 3 gerbes couchées d'or.

Jeannel. — D'azur au chevron d'or, accompagné de 3 genettes d'or.

Jeannet. — D'azur à une....... d'argent mouchetée de sable.

Jeannin de l'Etoile. — D'azur à une fasce d'argent chargée d'une tête de léopard de gueules.

Jeune (le), de Poligny. — D'azur au sautoir d'or chargé en cœur d'une coquille du champ, au chef d'argent chargé de 3 étoiles de gueules.

Jobelot, de Gray. — De sable d'une salamandre couronnée d'or, passant sur un bûcher de gueules retouché d'or.

Joëlle. — De sable au sautoir d'or accompagné de 4 losanges du même.

Joigne. — Parti de gueules à l'épée d'or mise en pal, au premier et d'argent à la clef de gueules au second.

Jonchière (de la). — De gueules à une fasce d'argent.

Jonvelle (de) †. — D'argent au lion de gueules armé et lampassé d'azur.

Jouffroy (de). Lettres de marquis en 1736 ; lettres de comte d'Abbans en...... — fascé de sable et d'or de 6 pièces, la première fasce chargée de 2 croissettes d'argent.

Jourdan, de Champlitte. — Tiercé en fasces, à l'aigle du royaume des Romains en chef ; en cœur d'azur à un palmier arraché de sinople mis en pal ; en pointe, à un fleuve au naturel représentant le Jourdain.

Joux (de) †. — D'or fretté de sable. *Alias*, d'azur. Devise : *Da gloriam Deo*.

Junet, seigneurs de La Rivière. Confirmation de noblesse en 1598. —D'hermines à la fasce de gueules chargée d'une quintefeuille percée d'or.

Jussey (de) †. — Burelé d'or et de gueules de 10 pièces.

L

Labbey de Billy. Lettres de chevalerie en 1786. — D'argent au sautoir de sinople. Devise : *Sine Labe.*

Laborey. L. N. en 1521 ; lettres de chevalerie en 1626. d'azur à la bande accompagnée en chef de deux étoiles et en pointe, d'une charrue posée en bande, le tout d'or.

Lallier ou **Lalye,** à Salins †. — D'argent à 3 aigles de sable.

Lalleman de Vaitte. Lettres de comte vers 1540. — D'argent à la fasce de sable accompagnée de 3 trèfles de gueules, posés 2 en chef et l'autre en pointe.

Lambert, de Besançon †. L. N. en 1559. — D'or au lion de sable couronné d'or et colleté d'une couronne du même.

Lambrey (de) †. — D'azur au chevron d'or accompagné de 3 fermoirs en losanges du même.

Lambrey. — D'argent à une fasce de sable.

Lampinet, seigneurs de Navenne etc. — D'azur au lion d'or armé et lampassé de gueules, tenant un encensoir d'argent, chargé sous le jubé d'un cœur aussi de gueules.

Lamy, marquis de La Perrière. Originaire de Bourgogne. — D'azur à 3 lézards d'argent mis en pal et posés 2 et 1.

Lanans (de). — De gueules au sautoir d'argent ; l'écu bordé d'or.

Lanart. — D'or à une bande de gueules chargée au premier canton d'un point d'échiquier de sable.

Landrit (de), de Besançon. — D'argent à la bande d'azur chargée de 3 cœurs d'argent.

Lannoy (de). Originaire des Pays-Bas. — D'argent à 3 lions de sinople couronnés d'or et lampassés de gueules.

Lantaiges (de). — De gueules à la croix d'or.

Lantenne (de) †. — De sable à la croix d'argent.

Lapie. L. N. en 1651. — D'azur à un griffon d'or lampassé et armé de gueules.

Larderet (du) De gueules à la croix ancrée d'argent.

Lassaux (de). — D'azur au sautoir d'or accompagné de 4 limaçons du même.

Laubespin (de) †. Relevée par Mouchet-Battefort. Lettres de comte en 1659. — D'azur au sautoir d'or cantonné de quatre billettes du même.

Laule. — D'azur au chevron d'or accompagné de 3 têtes de buffles du même.

Laverne (de) Lettres de chevalerie en 1617. — De gueules à un lambel d'or de deux pendants.

Lavier (de). — D'azur à une fasce d'argent.

Laviron (de). — D'or à la fasce d'azur.

Laviron (de), voir Doyen.

Lavoissière (de), de Clerval en Montagne.

Lavoncourt (de). — D'azur à 6 coquilles d'or en orle, et une coquille du même en cœur.

Lays. — Parti au 1er de sable à la bande d'or ; au second, de sable au chef d'or.

Legier, à Jussy en 1767.

Legros d'Epinant, originaire de Champagne. — D'azur à la fasce d'argent accompagnée en chef de deux colombes et en pointe, d'un lion, le tout d'or.

Lenfernat (de), originaire de Brie. Confirmation de noblesse en 1667. — D'azur à 3 losanges d'or, posées 2 et 1. Devise : *Qui fait bien l'enfer n'a !*

Lescot, de Pontarlier. L. N. en 1598. — De gueules à 2 bâtons noueux d'argent posés en chevron, et à une tête de mouton du même en pointe.

Lespinette (de). — D'azur au chevron d'or, et au chef cousu de gueules, chargé de 3 sonnettes d'or.

Lestang. — D'azur à 2 poissons d'argent mis en fasce.

Leugney (de. — De gueules au sautoir engrelé d'argent.

Lezai-Marnesia (de). Lettres de marquis en 1721. — Parti

d'argent et de gueules à la croix ancrée et percée en carré de l'un en l'autre.

Liesle (de) †. — D'argent à 3 fasces de gueules

Lievans (de). — De .... à un vase rempli de 3 branches de.....

Ligneville (de). — Losangé d'or et de sable.

Lisola (de), de Besançon. — De sable à un lion d'or armé et lampassé de gueules.

Litean. — D'azur à une fasce d'or accompagnée de 3 coquilles du même.

Livet. L. N. par Philippe II, confirmées en 1610. — D'azur à 2 étoiles d'or en chef, à un soleil en cœur du même et à un croissant d'argent en pointe.

Loberge. — De gueules à 3 calices renversés d'or.

Loc ou Lod (de). — D'argent à 2 bâtons noueux de..... mis en fasce.

Logre de Francour. — D'argent au lion rampant de gueules , accompagné de 8 cloches de sable mises en orle.

Loigne (de). — D'or au sautoir d'azur.

Longevelle (de) †. — De gueules à la bande d'or chargée au 1er canton d'un point d'échiquier d'azur.

Longin, de Poligny. L. N. par l'Empereur Frédéric IV. — Ecartelé au 1er et 4e quartiers, de gueules à 5 billettes d'or en sautoir ; au 2e et 3e quartiers, d'or à 3 bandes d'azur.

Longvy (de) †*. — De gueules à la bande d'or.

Loray (de). — D'argent à une tête de bouc de gueules, ornée et languée d'azur.

Lorençot, d'Arbois. L. N*. par Charles-Quint; confirmation en 1612. — Coupé d'or et d'azur, à un laurier arraché de sinople sur l'or, et du dernier sur l'azur ; aux fruits de sable et d'or de l'un en l'autre.

Lorillard, seigneurs à Chauvirey et Nervesain.

Loriot, de Salins. — D'azur à un vol d'argent.

Louverot (du) d'argent au pal d'azur, à la fasce de gueules chargée d'un lion naissant d'or, brochant sur le tout.

Louys †. L. N. par Charles-Quint. — D'argent au che-vron de gueules chargé en chef d'une étoile d'or. Devise : *Virtutis fortuna comes.*

Loysia (de). — D'argent au lion de sable armé, lampassé et couronné de gueules.

Loyte ou **Loëte**, appelée autre-fois **Hostie** †. — D'azur à l'agneau pascal passant d'ar-gent.

Ludin, de Besançon. — D'or à la fasce crénelée de 3 pièces de sable.

Lullier de Chauvirey, de Mo-rey. L. N. par Charles-Quint. — D'argent à un olivier ar-raché de sinople, à 2 bran-ches passées en sautoir.

Luquet de Grangebeuve, ori-ginaire de Bourgogne. — D'azur à la croix engrelée d'argent.

M

Macarty (de), originaire d'Ir-lande. — D'argent au cerf couché de gueules.

Macon (de) L. N. en 1474; con-firmation en 1546. — Parti d'or et d'argent au sautoir engrelé de gueules brochant sur le tout.

Maginet. — De gueules au chevron d'or accompagné en chef de deux croix pattées d'argent, et en pointe d'une rose du même.

Magnanet. — D'or à 3 lion-ceaux de sinople, à la bordure engrelée de gueules.

Mahuet, de Gray. — D'or à 3 cœurs de gueules, posés 2 et 1.

Maillardet, de Poligny. — D'or à 3 têtes de chiens d'azur accolées d'or.

(†) Ce signe remplace le mot *éteinte*. — (*) L. N. *Lettres de noblesse*.

Mailleroncourt (de) †. — D'argent à la bande de gueules cotoyée de 2 boutons du même.

Mailley (de). — De gueules à 3 fasces ondées d'or.

Maillot, de Vuillafans. L. N. par Charles-Quint. — D'or à 3 cotices d'azur. *Alias* : d'azur à 2 barbeaux adossés et couronnés d'or.

Maire de Bouligney. — D'or au pélican de sable avec sa pitié ensanglantée de gueules.

Maire ou Mayer, de Besançon. — De.... à la fasce chargée de 3 quintefeuilles percées de.... Devise : *Patience me fait espérer.*

Maire (le), de Poligny. — D'azur au chevron d'or accompagné de 3 étoiles du même; au chef d'or chargé de 3 roses de gueules.

Mairet, de Besançon. L. N. en 1668. — D'azur au lion d'or tenant une pertuisane du même.

Mairey (de) †.

Mairot de Pesmes et Mutigney (de). L. N. en 1443 et 1544. — De gueules à la fasce ondée d'argent. Devise : *Quebrar antesque deplegar.*

Maisières (de) †. — D'argent à 3 quintefeuilles percées de sable.

Maisières (de). — De gueules à un pont d'argent maçonné de sable, à une rose du même en pointe de l'écu.

Maisières (de), voir Alviset.

Maisonvaux (de). — De gueules à 2 lions passants et couronnés d'or.

Maistre de Bay, de Salins. Lettres de chevalerie en 1625; de marquis de Bay en 1704; un vice-roi d'Estramadoure. — Ecartelé au 1 et 4 quartiers, d'azur à un pigeon essorant d'argent becqué et membré de gueules; au 2 et 3, de gueules au griffon d'or armé et lampassé de sable.

Maizières, voir Maisières.

Malain (de). — Parti; au 1 d'azur à un sauvage de carnation boutonné d'or ; au 2, d'argent au lion de gueules.

Mallarmey de Roussillon (de). Arrêt confirmatif de noblesse en 1606. — De gueules au rai d'escarboucle pommeté d'argent.

Malcressant (de), à Besançon †. — D'argent à 3 coquilles de sable retouchées d'or.

Malesue , de Pontarlier. — D'azur à la bande d'or chargée de 3 croissettes de gueules, accompagnée en chef et en pointe d'une étoile d'or.

Malcq. — De gueules à un lion d'argent.

Malmissert , de Besançon. — D'azur à une griffe et à une patte d'aigle mises en bande.

Mancenet, de Vesoul. — De gueules à 3 sonnettes d'or.

Mandre (de). — D'azur à la bande d'or accompagnée de 7 billettes d'or, 4 en chef et 3 en pointe.

Mangeroz (de), de Salins. —

Fretté d'or et de sable, au chef d'azur.

Mangot de;Villeran. Jugement confirmatif du nom de Villeran, en 1860

Manteville (de). — D'or à 3 molettes de sable.

Mantoche (de), de Salins et Besançon. Lettres de réhabilitation en 1606. — De gueules à 3 bandes engrelées d'argent.

Mar (de) †. — De... à 3 coquilles de.... en chef.

Marbœuf. — De gueules à 3 pattes d'aigles d'or posées 2 et 1.

Marchant de la Chatelaine, de Salins. L. N. en 1530. — D'or à 3 têtes de paon d'azur posées 2 et 1.

Marche (de la), près d'Auxonne †. — Bandé de sable et d'or de 3 pièces. Devise : *Tant a souffert la marche.*

Marenches (de). Originaire d'Italie. — D'azur au lion d'or et à 2 bâtons de sable mis en bande sur le tout.

Mareschal (de), de Vuillafans et Besançon. Lettres de noblesse et de réhabilitation en 1620, 1642 et 1661 ; comte de Maréchal de Veset en 1749 — D'argent à la bande d'azur chargée de 3 étoiles d'or, et accompagnée de 2 raisins de pourpre, tigés et feuillés de sinople.

Mareschal de Longeville, de Lons-le-Saulnier. L. N en 1525. — D'azur au chevron d'or accompagné en chef de 2 coquilles du même, et en pointe, d'un croissant montant d'argent.

Marguier d'Aubonne.

Marigna (de). — De gueules à la bande d'or accompagnée de 2 coquilles d'argent, 1 en chef et 1 en pointe.

Marion, de Dôle. L. N. en 1591

Marmier (de). Lettres de marquis en 1740 ; de duc et pair en 1845. — De gueules au marmot d'argent.

Marmier, de Marnay. Autre famille que la précédente.

Marnay (de) †. — De sable au soleil d'or.

Marnix de Ste-Aldegonde (de) †. — D'azur à la bande d'or accompagnée de 2 étoiles du même.

Marquis de Talenay, à Besançon. L. N. en 1589. — D'azur à une motte chargée de 7 épis de blé, le tout d'or.

Mars (des), de Poligny. — Pallé d'or et de gueules de 6 pièces, à un point d'échiquier d'azur au canton dextre.

Martel. L. N. en 1532. — D'azur à une bande d'argent chargée de 3 molettes de gueules, et à 6 billettes d'or mises en orle, et couchées en fasce.

Martimprey (de) †. — Devise : *Pro fide pugnando.*

Martin, d'Ornans. L. N. en 1658. — De sable à la fasce d'argent accompagnée de 3 quintefeuilles percées du même.

Martin de Barjon et Choisey, originaire de Bourgogne. —

L. N. en 1435. — D'argent à 3 martinets de sable, au chef du même chargé de 3 coquilles aussi d'argent.

Massin, seigneurs **d'Inteville**, à Betoncourt. Permission de posséder fief en 1760. — De sinople à une reine couronnée et tenant un sceptre, le tout d'or.

Masson, de Salins et Poligny. Baron de Longvy en 1745; marquis d'Autume en... — D'azur au chevron d'or accompagné de 3 glands du même. On trouve des lettres de noblesse au nom de Masson, de Dôle, en 1619.

Matal, de Poligny. L. N. par Charles-Quint. — D'azur à l'éléphant passant d'or. Antérieurement : d'azur à la fasce d'or accompagnée de 3 clochettes d'argent.

Mathay (de) †. — D'azur à une reine de carnation couronnée d'or et sortant d'une cuve du même.

Mathenay, branche naturelle de Vaudrey. — De sable au chef emmanché de 3 pièces d'argent.

Matherot de Desnes. — De gueules au coq d'or, soutenant de la patte gauche une boule du même.

Matherot de Moissey †. Permission de posséder fief en 1759.

Mathieu, de Salins. — De gueules à 3 colombes d'argent

Mathon de Poligny. L. N. en 1614. — D'argent au palmier de sinople, les branches passées en sautoir.

Maublan, de Fondrement. L. N. en 1536. — D'azur au chevron d'or, accompagné en pointe d'une rose d'argent ; au chef du Royaume des Romains.

Maubouhan (de). — D'argent à 3 fasces de sable, et au chef du même, chargé de 3 croix pattées d'argent.

Maucler (de), originaire de Lorraine. — D'azur à la fasce percée, d'où pend une sonnette et accompagnée de 3 trèfles, le tout d'or.

Mauflans (de). — D'argent à la croix de sable.

Maulins (de). — De gueules à la croix ancrée d'argent.

May (le). — D'azur à la fasce ébranchée, accompagnée de 3 sautoirs alisés en chef et d'une hure de sanglier armée de gueules en pointe, le tout d'or.

Meix (le). — De gueules au chef d'or, chargé de 2 molettes de sable.

Meix-d'Aubigny. — D'or à une corne de gueules mise en barre ; au chef aussi de gueules.

Melcot de Fedry.

Meligny (de). — D'azur à la bande d'argent cotoyée de deux bandes potencées d'or et contre-potencées de sable.

Melinge. — Parti d'argent et d'azur, à un tourteau de l'un en l'autre.

Menart de Flavigny. — D'azur au chevron d'or chargé de 3 croissettes de gueules et accompagné de 3 trèfles aussi d'or.

Menou (de). — D'azur à 2 sceptres d'argent mis en pal.

Merceret, de Salins † et relevée par de Vers. — D'or à 2 perroquets de sinople, becqués, membrés et accolés de gueules, les têtes retournées et les queues passées en sautoir.

Merceret. L. N. en 1585. — d'azur à une fleur de lis d'or en chef et à une faucille du même en pointe, couchée en fasce, et le fer en haut.

Mercier, de Vesoul. L. N. en 1594. — D'azur à 3 roses d'or posées 2 et 1, surmontées en chef d'un soleil du même.

Merlet (de) †. — Echiqueté d'or et de gueules.

Merliers (de). — D'argent à 3 merlettes de sable.

Mesmay (de). Confirmation de noblesse vers 1553.—D'azur à fasce d'or chargée en cœur d'une losange de gueules.

Mesnier ou **Meysnier de la Salle**, de St-Claude. L. N. en 1522. — D'azur au griffon d'or.

Meyré, de Fraisans. L. N. en 1526. — D'azur à une bande ondée de 3 vagues d'argent, et chargée d'un serpent au naturel, la tête en haut.

Meyria (de). — Ecartelé au 1 et 4 quartiers, de gueules au chef d'argent, au 2 et 3, de gueules à 2 fasces d'argent; au chef pallé d'argent et de gueules de 6 pièces.

Michaud. L. N. en 1655. — De sable à 3 losanges allongées d'argent.

Michelot. Lettres de réhabilitation en 1619, et armoiries d'Arguel.

Michiel, de Besançon. — D'or à la croix de sable chargée de 5 coquilles d'argent ; l'écu bordé de gueules.

Michotey †. — De gueules à 3 chevrons d'or.

Millet, de Fondrement. L. N. en 1614. — Pallé d'or et de gueules de 8 pièces, et à 3 losanges parties de l'un en l'autre, 2 en chef et l'autre en pointe.

Millot de Montjeutin. L. N. en 1662. — De geules à la bande d'or accompagnée de 2 bâtons du même, qui est de Montjeutin ancien.

Mochet, voir Mouchet.

Moffans (de). Lettres de réhabilitation en 1580. — D'argent à la croix de sable au pied alaisé et aux croisons échancrés.

Moine (le) †. — D'azur à un croissant d'or, en pointe, d'où sort une palme à dextre et un jet de lis à senestre.

Molans (de). — D'or à 3 molettes d'éperons de gueules.

Molprey (de), relevée par Alleman. — D'or à 3 bandes de gueules.

Mongeot de Boisset, voir Boisset.

Monneret, de Besançon †. — Coupé d'or et de sable, le premier, chargé de deux têtes d'aigles arrachées et contournées de gueules ; le second, chargé d'une montagne de 2 coupeaux d'or.

Monnier (de), de Salins et Besançon. — L. N. en 1636. — D'azur à la bande d'or accompagnée de 2 tourteaux du même.

Monnier. — D'azur à 2 brochets d'or courbés et adossés.

Monniet. — D'azur au chevron d'or accompagné de 2 étoiles d'or en chef et d'une rose tigée et feuillée d'argent en pointe.

Mont (de) De gueules à la bande d'or et à 2 fasces d'azur.

Mont (du), de Pontarlier. Lettres de chevalerie en 1652. — Ecartelé au 1er et 4e quartiers, d'azur au sautoir d'or accompagné de 3 molettes du même, mises 1 en chef et 2 en flancs ; au 2e et 3e, d'argent au lion de sable armé, couronné, lampassé d'or et chargé de 2 jumelles de gueules brochant en cotice sur le tout.

Montagu (de), marquis de Boutavent en 1679. — De gueules au croissant montant d'argent.

Montaigu (de), près Vesoul. — De gueules à l'aigle d'argent.

Montaigu (de). — D'azur au lion d'argent.

Montaigu (de) de Salins. — De gueules à 3 trèfles d'argent.

Montarlot (de). — De sable à 3 fasces d'argent.

Montbarrey (de), voir Saint-Mauris.

Montbéliard (de) †. — De gueules à 2 bars d'or, adossés.

Montbozon (de) †. — De sable à 5 bandes d'argent pleines et ondées alternativement.

Montby (de), branche naturelle de Montmartin. — Burelé d'azur et d'or de 5 pièces, à 3 croissettes d'or en chef.

Montcley (de). — D'argent au chef de gueules chargé de 3 têtes couronnées d'or.

Montconny (de). — De gueules à 2 fasces ondées l'une d'or et celle de la pointe, d'argent.

Montdoré (de). — D'azur à une montagne d'or.

Montessus (de), voir Bernard.

Montet de la Terrade (du), à Besançon. Titre de baron en 1818. — D'argent au chef d'azur chargé de 3 fermaux d'or.

Montfaucon (de) †. — De gueules à 2 bars d'or adossés, et à 2 trescheurs aussi d'or.

Montfauconnet (de). — De gueules au faucon d'argent.

Montferrand (de) †. — De sable au lion d'or.

Montfort (de) †, relevée par Taillant. — D'argent à 3 losanges d'or bordées de sable.

Montfort-Ternier (de), originaire de Savoie. — Pallé d'or et d'azur de 6 pièces.

Montgesoie (de) †. — De gueules au chef d'or emmanché de 4 pièces chargées chacune d'une croissette recroissetée de gueules.

Montjay (de). — De gueules à la clé d'argent mise en pal.

Montjeutin (de) †. — D'or à la fasce de gueules chargée de 3 quintefeuilles de...

Montjeutin (de) †. — De gueules à la bande d'or accompagnée de 2 bâtons du même.

Monjeutin (de) †. Voir Millot.

Montmartin (de) †. — Burelé d'argent et de sable, de 10 pièces.

Montmirey (de). — Tranché, emmanché d'argent et de gueules.

Montmirey (de). — Burelé d'argent et de sable au lion brochant de gueules.

Montmôret (de) †.

Montormentier (de). — D'argent au chef de gueules chargé de 2 quintefeuilles d'or.

Montot (de) †, relevée par Beaujeu. — De sable à la bande d'or accompagnée de 8 billettes du même, mises en orle.

Montrichard (de). Lettres de marquis en 1743. — Vairé d'argent et d'azur, à la croix de gueules, brochant sur le tout.

Montrichier (de). — Losangé d'or et de gueules.

Montrivel, de Besançon. — D'azur à une montagne de 5 coupeaux d'or, en pointe de l'écu, surmontée en chef de 3 quintefeuilles d'or.

Montrond (de). — De gueules au chevron d'or accompagné de 3 besans du même.

Montrost (de). — D'or au chevron de sable.

Mont-St-Ligier (de). — D'argent à la croix ancrée de sable.

Montsaugeon (de) , près de Poligny †. — De gueules à 9 besans d'or posés 3, 3, 3.

Montureux en Ferrette (de) †. — D'or à la bordure engrelée d'azur, et au lion de sable.

Montureux-Genevrey (de), de Besançon. L. N. en 1531. - - Ecartelé au 1er et 4e quartiers de Montureux-en-Ferrette ; au 2e et 3e, d'or à un genièvre arraché de sinople au fruit d'argent.

Montureux-sur-Saône (de) †. — D'or à la bande d'azur.

Montvin (de)....

Morand. — D'azur au trident d'argent.

Moréal de Brevans et Commenaille (de). L. N. en 1599. — D'azur à 4 aiglettes d'argent becquées de sable.

Moreau de Favernay. — D'or à 3 têtes de maures de sable, aux tortils componnés d'argent et de gueules.

Morel, de Besançon. L. N. en 1556. — Coupé de sable et d'argent, le premier chargé de 3 fusées d'argent mises en pal ; le second, d'un murier de sinople.

Morelli, à Salins, originaire de Gênes. — De gueules à 2 pattes de lion passées en sautoir, et sommées au milieu du chef d'une fleur de lis d'argent.

Morelot de Fontenay, originaire de Lorraine. — D'or à 3 lionceaux de sable, au chef d'azur chargé de 3 roses d'or.

Moroges (de). — D'or à 3 bandes d'azur et à la bordure de gueules.

Morron. — D'argent au cerf naissant de sable, derrière un bois feuillé de sinople mouvant de senestre.

Mouchet de Battafort, de Poligny. Marquis de Laubespin. — De gueules à la fasce d'argent accompagnée de 3 émouchets d'or ; écartelé de Battefort et sur le tout de Laubespin.

Mouchet de Châteaurouillaud, de Besançon †. — De gueules à 3 émouchets ou fauconnets d'argent, posés 2 et 1.

Moulans. — D'or à 3 molettes d'éperons de gueules.

Moulin (du), de Pontarlier. — D'azur à 3 roues de moulin d'or.

Mourant. — D'argent au sautoir dentelé de gueules.

Mourel, de Salins. L. N. en 1672.

Mouret de Montrond. — D'or à un arbre de sinople sur une terrasse du même, accompagné au côté gauche d'un levrier attaché par une corde du même.

Moussardet, de Quingey. — D'or à 3 chapeaux posés 1 et 2.

Moustier (de). Lettres de marquis en 1741, titre de pair de France à la Restauration. — De gueules au chevron d'argent accompagné de 3 aigles éployées d'or, becquées et membrées de sable. Devise : *Moustier sera maugré le Sarrazin.*

Moustier-sur-l'Ognon (de), éteinte au XIVᵉ siècle.

Moyria-de-Maillac (de). — D'or à la bande d'azur accompagnée de 5 billettes du même.

Moysy. — D'azur à 3 losanges, *Alias :* croissants d'or, posés 2 et 1.

Mugnans (de). — D'or à 3 bandes de gueules.

Munier, d'Orgelet. L. N. par Charles-Quint.

Murgey, de Champlitte †.

Musy, de Morteau. L. N. en... Tiercé en fasce, au chef parti à dextre d'or, à senestre d'azur à une quintefeuille d'or ; la fasce écartelée de sable et d'or ; la pointe partie, à dextre d'azur à une quintefeuille d'or ; à senestre d'or.

Myon (de) échiqueté d'or et de gueules.

N

Nadan. — D'azur à 3 bandes d'or.

Naisey ou **Nazel** (de). — D'azur à 3 têtes d'ânes d'argent.

Nance (de). — D'argent au chef de gueules, à la bande d'argent brochant sur le tout.

Nant (de) †*. — De gueules à la bande d'or accompagnée de 2 cotices du même.

Nantuard (de).

Nardin, de Besançon. L. N.* en 1528. — D'or au croissant d'azur, au chef du même chargé de 3 étoiles d'or.

Navarret, de Besançon. — A un écu semé d'étoiles de... à la bande chargée de 4 quintefeuilles brochant sur le tout.

Neublans (de). — De sable à la croix ancrée d'argent.

Neufchatel (de) †. — De gueules à la bande d'argent; écartelé de Montaigu, qui est : de gueules à l'aigle éployée d'or.

Neufchatel (de), originaire de Suisse. — D'or au pal d'azur chargé de 3 chevrons d'argent.

Nicod, de Besançon. L. N. en 1533. — D'azur à 3 besans d'or posés 2 et 1 ; au chef du royaume Romain.

Nicolas, de Besançon. — D'azur à un croissant en pointe, à une flamme en cœur, et à 2 étoiles en chef, le tout d'or.

Noidans (de) †. — D'azur à 3 bandes d'or.

Nomartin (de). — D'or à 4 bandes de gueules.

Noseroy (de). — De gueules à 3 pigeons d'argent.

Nosoy (de). — D'argent au chevron de gueules chargé de 3 quintefeuilles d'or.

Noveau ou **Nouveau**, originaire de Piémont. Confirmation de noblesse en 1549. — Coupé d'argent et de sable, à un lion de l'un en l'autre, armé, lampassé de gueules et brochant sur le tout.

Noyers (de). — D'azur à l'aigle éployée d'or.

Nox (de), de Besançon. — De... à un sautoir chargé de quintefeuilles de....

Nully (de). — D'or à un porc-épic de sable, une croix de gueules fixée sur le dos.

O

Occors (d') †. — De gueules au chef d'or emmenché de 3 pièces.

Odot, de Gray. — D'azur à 3 croissants renversés d'or.

Oiselet (d') †. — De gueules à la bande vivrée d'or.

Olivet. — D'azur à un pigeon essorant d'argent tenant dans son bec un rameau d'olivier de sinople.

Orain, de gueules à une bande d'or accompagnée de 3 sautoirs du même.

Orchamps (d'). — De gueules au chevron d'or accompagné de 3 étoiles du même.

Orchamps (d'), de Besançon. L. N. en 1543. — De gueules à la bande engrelée d'or ; parti d'or fretté de gueules.

Orchamp (d'). — De sable à une croix endentée d'argent.

Orgelet (d'). — D'azur à 3 épis de blé d'or.

Orgemont (d') — D'argent à la bande ondée de gueules.

Orillard de Gesincourt, de Gray. L. N. en 1600. — D'argent à une aigle en essor de sable, sortant d'un massacre de cerf du même.

Orival (d'). — De gueules à 3 fasces d'or et à une étoile d'argent en pointe.

Ornans (d'). — D'argent à la bande de sable chargée de 3 coquilles d'or.

Orsans (d') †. — D'argent au sautoir de gueules.

Orsières (d'). — De gueules au chevron d'or.

Otthenin. — De gueules à la croix d'argent couronnée de deux croissants d'or et de 2 étoiles du même.

Ozanne, de Dôle, L. N. en 1606. — D'azur à 3 colombes d'argent.

P

Page de Chauvirey. L. en 1615. — D'azur à 3 œillets d'or.

Paguelle-Dujard, de Gray.

Palouset †. — D'or à 3 fasces de gueules.

Palud (de la), originaire de Bresse. — De gueules à la croix d'hermines.

Pamèls (de). — De gueules à 3 fasces d'or ; écartelé de gueules à l'aigle éployée d'argent.

Panier. L. N. en 1556. — D'argent à la tour de gueules percée de sable et à un sauvage de carnation couronné de sinople, tenant des deux mains une massue d'or courbée sur sa poitrine ; au chef du royaume des Romains.

Papillin. — De gueules à la fasce d'or accompagnée de 3 coquilles du même, et d'une fleur de lis d'argent en pointe.

Paponnet. L. N. en 1662. — D'or au sautoir de gueules chargé d'une épée d'argent, brochant en pal sur le tout.

Parafan, seigneur **de Chenecey**. Originaire d'Espagne. — De gueules à une colonne surmontée d'une boule d'or et accostée d'un levrier rampant d'argent et accolé du champ.

Pardessus (de). — D'or au chevron de sable accompagnée de 3 coquilles de gueules.

Parenty. — De sinople à une bande d'argent chargée d'une étoile de gueules en chef.

Pasquier de la Villette (du). D'azur à la bande engrelée d'or accompagnée de 3 croisettes recroisettées au pied fiché du même.

Patornay, de Salins. — D'azur à 3 croissants d'argent posés 2 et 1 ; à une quintefeuille d'or en pointe.

Paulteret. — D'azur à 3 étoiles d'or posées 2 et 1.

Pavans de Ceccaty. L. N. en 1673. — D'azur à un mont de 3 coupeaux surmonté d'une aigle éployée, couronnée et flanquée de 2 lions affrontés, le tout d'or.

Pecaud, d'Arbois. L. N. en 1658. — D'or à un cheval

effrayé d'azur ; à un sautoir alisé de gueules mouvant du canton dextre de la pointe.

Pelapussins (de). — De gueules à la fleur de lis d'or.

Pelissonnier, d'Arlay. L. N. en 1523 ; lettres de réhabilitation en 1667. — D'azur à 2 volants de moulin d'argent, mis en sautoir.

Pellot, de Salins. — D'azur à une tierce d'or.

Peloux (de). — D'argent au sautoir engrelé d'azur.

Perdriset, de Luxeuil.

Pernot de Verceil. — De gueules à 3 cœurs d'or , les pointes se touchant ; au chef d'or chargé de 3 étoiles de gueules.

Perréal, de Besançon. — D'argent au lion de gueules, la queue double et passée en sautoir. Devise : *Bonne fin*.

Perrecy (de) †. — Coupé d'or et d'azur ; le premier, chargé d'une tour à la toiture élancée de gueules, maçonnée de sable.

Perrenelle. L. N. en 1658. — De gueules à 3 sautoirs noueux, alisés d'argent posés 2 et 1 ; à une larme du même en abîme.

Perrency de Grosbois, originaire du Duché. — D'azur semé d'étoiles d'or.

Perrenot de Granvelle. Lettres de chevalerie en 1537 ; titre de comte de Canteroix. d'argent à 3 bandes de sable au chef chargé de 3 croissants d'argent. Le Chancellier de Granvelle, obtint de remplacer les croissants par l'aigle impériale. Devise : *Sic visum superis.*

Perrey, à Poligny et Salins. Lettres de chevalerie en 1720. d'azur au pal échiqueté d'argent et de gueules.

Perrière (de la). — D'azur au chevron d'or accompagné de 3 pommes de pin du même.

Perrin, de Dôle. — D'or au sautoir crénelé de gueules et au chef vivré, aussi de gueules.

Perrot, seigneurs **de Viseney**. L. N. par Charles-Quint. — D'azur à une fasce soutenue d'un chevron accompagné en chef de 2 croissants renversés et en pointe, d'une étoile, le tout d'argent.

Pesmes (de), maison issue des comtes de Vienne †.—D'azur à la bande accompagnée de 6 croisettes, le tout d'or.

Petit de Marivats, au Duché, au Comté et à Paris. — D'azur à un chevron d'or, vivré et accompagné de 3 étoiles couronnées du même et posées 2 et 1.

Petitepierre (de) †. — De gueules au chevron d'argent soutenu d'une fasce du même en pointe.

Petremand (de), de Besançon. L. N. en 1531 et en 1631. — D'azur à 3 pommes de pin renversées d'or.

Petrey, de Vesoul et Gray †. L. N. en 1601 ; lettres de chevalerie en 1651 ; baron d'Eclans en 1697.— D'argent à une rose de gueules boutonnée d'or, feuillée et soutenue de sinople.

Peuldey de Palant. L. N. en 1644. — Coupé du royaume des Romains en chef, et du royaume de Léon en pointe.

Philibert, d'Ornans.

Philippe, de Besançon. L. N. en 1647. — Ecartelé au 1er et 4e quartiers, de gueules à une bande d'argent chargée de 3 têtes de chevaux de sable ; au 2e et 3e, d'azur à un cygne d'argent.

Phénix, voir Fenix.

Picard, de Besançon. L. N. en 1548.

Picot de Moras, établie à Gray. Maintenue de noblesse en 1750.

Pie (la), voir l'Agace.

Pierrard de Venans. — Ecartelé au 1er et 4e quartiers de gueules à la bande d'argent ; au 2e, d'azur à 3 pointes d'or mouvantes du chef ; au 3e, d'azur à un trèfle soutenu de deux feuilles aussi d'or.

Pierre. L. N. par Charles-Quint. — D'azur à 3 croissants renversés d'or, posés 2, 1 et à 4 étoiles du même, placées sous les 2 croissants et l'autre en pointe.

Pierrefontaine de Voillant (de) Lettres de chevalerie en 1608. — De gueules à un croissant d'argent et à 4 étoiles d'or placées aux coins de l'écu.

Pierrefontaine de Verchamps. — De sable à la bande engrelée d'argent, et à la bordure de gueules chargée de 9 besans d'or.

Piètre (de la). — D'argent au chevron de sinople accompagné de 4 aiglettes d'azur.

Pillot de Chenecey. — D'azur à 3 fers de lance renversés d'argent.

Pin (du), de Lons-le-Saunier. — De... au croissant surmonté d'une étoile et soutenu d'une autre étoile.

Pin de Jousseau (du). — D'argent à la fasce de gueules chargée d'un lion naissant d'or.

Pitoye de Ste-Héleine. — D'azur à la croix ancrée d'or.

Plaine (de). — De gueules à la fasce d'argent accompagnée en chef de 3 sonnettes du même.

Plaisant (de). — Echiqueté d'or et de sinople.

Platière (de la), d'Arbois. — D'argent au chevron de gueules accompagné de 3 fers de moulin, ou anilles de sable.

Poinssot ou **Poinçot**, de Vesoul. L. N. en 1457.

Pointe de Gevigney (de). — D'or à 3 lions naissants de sable; écartelé de Gevigney.

Poipon, de Dôle.

Poitiers (de), issue des comtes de Valentinois. — D'azur à 6 besans d'argent posés 3, 2, 1, au chef d'or ; écartelé de Rye depuis la substitution des seigneurs de Rye comtes de St-Vallier, marquis de Varembon, au XVIIᵉ siècle.

Pol (de), à Dôle, originaire de Milan. — Vairé d'argent et de gueules au lion couronné de sable, brochant sur le tout.

Poligny (de). — De gueules au chevron d'argent.

Pollonot. L. N. en 1525. — D'or au chevron d'azur accompagné de 3 aiglettes de sable becquées de gueules.

Poly de Menetru. — D'azur à la fasce d'or accompagnée en chef d'une rose du même.

Poncelin de Raucourt, originaire d'Espagne.

Pontaillié (de) †. — De gueules au lion couronné d'or, armé et lampassé d'azur.

Porcelet, de Besançon. —De... au sautoir engrelé, accompagné de 4 porcs de....

Porcelets (des), originaire de Lorraine. — D'azur au porc de sable armé d'argent.

Port de Loriol (de), originaire de Savoie. — Coupé de gueules et d'argent, à 2 portes ouvertes de l'un en l'autre. *Alias* : d'azur à 3 pals d'argent, et à la fasce du même brochant sur le tout.

Portier de Froylois, originaire du Duché. —D'or à 6 bandes d'azur, et à la bordure engrelée de gueules.

Portier, de Salins. L. N. en 1630.

Poucy (du), à Pelousey.

Poupet (de) †. — D'or au chevron d'azur, accompagné de 3 perroquets de sinople , becqués, bouclés et membrés de gueules.

Pourtier de Chaucenne. Constatation de noblesse en 1636. — D'or à la bande de sable chargée de 3 fusils d'or, accompagnée de deux clés de sable mises en pal, l'une en chef et l'autre en pointe.

Poutier comtes de Sônes (de). L. N. par l'empereur Rodolphe en 1580; lettres de chevalerie par Philippe IV d'Espagne. — De sable à la croix engrelée d'argent.

Pra de Peseux (de). — De gueules à la bande d'argent accompagnée de 2 cors de chasse du même.

Précipiano (de), originaire de Gênes et issue de la maison d'André Doria. Lettres de chevalerie en 1598, de comte de Soye en 1696. — De gueules à l'épée d'argent à la poignée d'or, mise en fasce.

Presentevilliers (de). — Chevronné d'or et de gueules de 6 pièces.

Pressia (de). — De gueules à la fleur de lis d'or.

Prevost de Pelousey †. — De gueules au sautoir d'argent chargé de 5 étoiles du champ. Devise : *Grâce à Dieu*.

Prevostet, de Salins. — D'azur à 3 pains d'argent.

Privé, originaire de Langres, à Besançon. — L. N. en 1658. — D'or à la bande de sable accompagnée de 2 losanges du même.

Prospe (de), établie en Champagne. — De sable à 2 casques affrontés d'argent ; écartelé du même, à 2 mains de carnation soutenant chacune une palme de sinople.

Pusel de Betoncourt et Boursières. — D'azur à 3 fasces ondées d'or.

Pusey. D'argent au lion de sable.

Quanteal de Salins. L. N. en 1499 ; lettres de réhabilitation en 1592. — De gueules à la croix d'or chargée sur chaque bras de 2 losanges de gueules, et en cœur, d'un écusson chargé de 3 barres d'azur.

Quëuve (de). — D'azur à une reine de carnation couronnée d'or et issant d'une cuve aussi d'or.

Quincey (de). — D'azur à la croix d'argent chargée de 5 coquilles de gueules.

Quingey (de). — De gueules à la fasce d'argent chargée de 3 sonnettes d'or.

R

Racle de la Roche, originaire d'Autriche.

Raclet †. — D'azur à la fasce d'argent chargée en cœur d'un oiseau de sable, accompagnée de 2 roues d'or en chef et d'une molette du même en pointe.

Rahon (de) †. — D'azur à 2 clés d'or en sautoir.

Raillard de Granvelle.

Raincourt (de). Lettres de marquis en 1719.—De gueules à la croix d'or accompagnée de 18 billettes du même, posées par cinq aux deux cantons du chef, et par 4 à ceux de la pointe.

Ramasson, de Baume.

Ramet, de Besançon. L. N. en 1661. — De gueules à un levrier rampant d'argent, accolé de gueules et bouclé d'or.

Ramilly (de). — Bandé d'azur et d'or de 6 pièces ; au chef d'argent chargé d'un lion naissant de gueules.

Rans (de), éteinte au XIVe siècle.

Raquet (du), en Bretagne et en Comté. — D'azur au croissant d'or accompagné de 3 serres d'aigles du même.

Rate (de). — De... au chef chargé d'un lion passant.

Raulin, de Poligny. — De gueules à 3 clés d'or en pal.

Ravotet, de Luxeuil.

Ray de la Roche (de) †. Ducs d'Athènes en 1202. — De gueules à l'escarboucle de 8 raies pointées et fleuronnées d'or. Les ducs d'Athènes portèrent : de gueules à 4 points d'hermine équipollés.

Recy (de), d'Orgelet et de Besançon. — D'or à une feuille de persil de sinople accompagnée de 2 étoiles de gueules en chef et d'un croissant du même en pointe.

Reffect, de St-Claude. — D'azur à la bande d'argent accompagnée de 2 roses du même, l'une en chef et l'autre en pointe.

Regis ou **Roy,** de Noseroy. L.N. en 1516. — De gueules à 3 couronnes d'or posées 2 et 1 ; au chef d'argent.

Regnaudin de Gratry, à Vesoul.

Regnauldot, de Poligny. L. N. en 1643. — De gueules au lion d'or.

Regnouard de Fleury, originaire de Bretagne ; marquis de Villager en 1749. — D'argent à une quintefeuille de gueules. Devise : *Spectat ad astra.*

Reinach (de), originaire de Suisse. — D'or au lion coupé d'azur et de gueules.

Remilly (de). — D'azur à la fasce d'or accompagnée de 3 pointes du même en chef, et d'une rose d'argent en pointe.

Renard de Bermont, de Vesoul. L. N. en 1548 ; lettres de chevalerie en 1624. — D'azur à l'ancre marine, entre deux dauphins d'argent, renversés, entortillés et mordant les deux branches de l'ancre: au chef anté d'or, à l'aigle d'azur.

Renard, de Dôle. L. N. en 1583. — D'azur à une bande d'argent chargée d'un lion de sable, armé et lampassé de gueules ; l'écu bordé d'une engrelure de sable.

Renot. - - D'azur au chevron d'argent chargé de 3 trèfles de... et accompagné d'un croissant d'argent en pointe.

Renouard, voir Regnouard.

Reud, originaire de Savoie, à Besançon. — D'azur à 3 trèfles d'or posés 2 et 1, à la montagne de 3 coupeaux du même en pointe.

Richard de Boussières de Prantigny, à Besançon. L. N. en 1659. — D'azur au lion d'or soutenant des pattes de devant un sautoir du même.

Richard, de Jonvelle. — De gueules à la fasce d'argent accompagnée de 3 quintefeuilles d'or posées 2 et 1.

Richardot-Grusset, originaire de Flandres. — D'azur , à 2 palmes d'or passées en sautoir et accompagnées de 4 étoiles du même.

Rifcharme. — De gueules à la fasce d'or accompagnée en chef de 3 heaumes d'argent, timbrés d'un croissant d'or.

Rigney (de) †. — D'azur au lion couronné d'or.

Rigney-sur-Lougnon (de) †. — De gueules à la bande d'argent.

Rivière. — D'argent à la bande de sinople chargée de 3 fermoirs d'or.

Robardey de Feules. Maintenue de noblesse par l'intendant de Lafond.

Robert, de Besançon. L. N. en 1480. — De gueules à 3 besans d'or.

Robert, de Gray. — De sinople au lion d'argent la queue rentrée entre les cuisses.

Rocca, originaire du Piémont. Maintenue de noblesse en 1626. — De gueules à 2 rocs d'échiquier couronnés d'or, en chef ; à une tête d'ours d'argent muselée de sable, en pointe.

Roche-Villersexel (de la) †. — De gueules à 3 bandes d'or.

Roche-sur-Lougnon (de la), voir Ray.

Roche en Montagne (de la) †. — 5 points d'or équipollés à 4 d'azur.

Rochefort (de), au duché et en Comté. — D'argent au lion passant de gueules; coupé d'azur à 9 billettes d'or.

Rochelle (de la). — Losangé d'argent et de gueules.

Rochette (de la).

Roiches (de), à Besançon †. — de gueules à 3 pattes d'ours coupées d'argent et mises en orle.

Rolland, seigneurs à Germigney.

Rollin, voir Raulin.

Romain (de). — D'or à la croix de sinople chargée de 5 coquilles d'or.

Romanet. — D'azur à une tête de levrier d'argent accolée et bouclée d'or.

Ronchamps (de) †. — De... à 3 oiseaux de... mis l'un sur l'autre.

Ronchaux (de). — D'azur à 4 besans d'or, posés 1, 2 et 1 ; à un croissant d'argent et à un demi-croissant du même opposé, mis en abîme.

Roppe (de). — D'azur à 3 bandes losangées d'or et de gueules.

Rosaret, de Pontarlier. Famille anoblie dans un greffier en chef.

Rosey (de), de Besançon. — D'argent au chevron d'or accompagné de 3 boutons de roses de gueules.

Rosey (de). — De gueules à une étoile d'or de 7 rayons.

Rosières (de), marquis de Sorans en 1686. — De sable à 3 branches d'éperons d'argent, les molettes en bas. Devise : *Qui s'y frotte s'y pique.*

Rougemont (de), près de Beaume-les-Dames †.—D'or à l'aigle de gueules becquée membrée et couronnée d'azur.

Rougnon (de). — De sable au lion rampant d'argent.

Rouhier de Charentenay. — D'azur à 3 roues de moulins d'or posées 2 et 1.

Roulans (de) †. — De gueules à la bande d'argent.

Rousselle, seigneurs de Melincourt.

Rousset. — D'azur à 3 besans d'or.

Roussillon (de), originaire du Gex. — De sable à la croix d'argent.

Rouvray (de). De gueules à une orle de 7 billettes d'argent et à un croissant du même en pointe.

Roville (de). — D'azur à 3 poissons d'argent.

Roux de Rognon et de Rochette, originaire de Provence. — D'azur à l'ours passant d'or, surmonté de 2 étoiles du même.

Roy, voir Regis.

Ruffey-sur-Lougnon (de) †. — Vairé d'argent et d'azur au chef de gueules.

Ruffey (de), près Lons-le-Saunier †.

Ruffier d'Epenoux, à Vesoul. Confirmation du nom d'Epenoux en 1861.

Rupt (de) †. — D'azur à la bande d'or accompagnée de 7 croissettes d'or fleuronnées et au pied fiché.

Ryboden (de). — D'or à 3 fleurs de lis d'or.

Rye (de) †. Marquis de Varembon et comtes de Varax. — D'azur à l'aigle d'or.

(*) † Ce signe remplace le mot *éteinte*. — (*) L. N. *Lettres de noblesse.*

Sachaud, de Dôle †. — D'argent à la fasce de sable accompagnée de 5 roses de gueules, posées 2 en chef et 3 en pointe.

Sachet, de Salins. L. N. en 1536. — D'argent à 3 pals de sable au chef mantelé d'or chargé d'une aigle double aussi de sable.

Sacquenay (de), originaire de Champagne. — De gueules au lion d'argent.

Saget ou **Sagey** (de). — D'azur à la croix ancrée d'or.

St-Amour (de) †. — D'argent au lion de sable armé et couronné d'or.

St-Andosse (de). — D'argent à 4 fasces de sable ; au quartier dextre chargé de 5 hermines.

St-Aubin (de). — D'argent à la bande d'azur chargée de 3 besans d'or.

St-Benoit de la Charme (de). *Alias :* Benoit de la Charme. — D'azur au chevron d'argent.

St-Chéron (de). — D'or à un fer de moulin de sable.

St-Cric (de). — De gueules au lion d'argent accompagné de 3 croissants du même, posés 3 en chef et l'autre en pointe.

St-Georges (de). — De gueules à la croix d'or.

St-Héleine, voir Pitoye.

St-Horry (de).

St-Julien (de). — De gueules à 3 jumelles d'argent.

St-Loup (de), branche de Faucogney.

St-Loup (de), près de Gray †. — De... au chef chargé de 3 ardillons ronds.

St-Martin (de). — D'argent à 3 hures de sangliers de sable, armées, arrachées et allumées de gueules.

St-Mauris-en-Montagne (de), lettres de marquis en 1705. — De sable à 2 fasces d'argent. Devise : *Plus de deuil que de joie.*

St-Mauris-Falletans et Le Muid, de Dôle. L. N. en 1590. — De gueules à la croix fleuronnée d'argent ; au chef d'azur chargé de 3 cœurs d'or.

St-Mauris-Montbarrey (de) †. Même famille que la précédente. Lettres de comte de Bosjean en 1634 ; de baron de St-Wit en 1660 ; de prince du Saint-Empire en 1774 ; de Grand d'Espagne en 1780. — De gueules à la croix fleuronnée d'argent ; au chef d'azur chargé d'une aigle impériale d'or, au lieu des cœurs.

St-Mauris d'Orgelet, **Salins et Choye** (de) †. — De gueules au chevron accompagné en chef de 2 étoiles et en pointe d'une rose, le tout d'argent.

St-Pierre (de) à Besançon †.

St-Quentin (de), à Besançon. Eteinte et relevée par Bourgeois.

D'or à la bande de gueules ; au franc canton d'azur en chef.

St-Remy (de), près Vesoul †.

St-Seigne (de), originaire du Duché. — De gueules à 3 jumelles d'or.

St-Vandelin (de), à Besançon †.

St-Vincent, seigneurs de la Villette.

Saix (du). — Ecartelé d'or et de gueules.

Sale ou **Saule**, de Poligny. L. N. en 1548. — De sable à la fasce d'or accompagnée de 3 roses du même, deux en chef et une en pointe ; au chef des Romains.

Salins-la-Tour (de) †. — D'azur à la tour maçonnée de sable.

Salins-la-Baude (de) †. — De gueules à la bande d'or.

Salins (de), issue des comtes de Bourgogne †. — D'or à la bande de gueules.

Salins-Vincelles (de) †. —D'azur à 3 fasces d'or.

Salives (de). Lettres de comte en 1747. — Pallé d'argent et de gueules, de six pièces ; au chef d'azur chargé de 3 coquilles d'or.

Salivet-de-Fouchecourt, de Vesoul. Eteinte et relevée par la maison Marquis. —D'azur à 3 besans d'argent, surmontés d'un lambel à 3 pendants de gueules.

Sancey (de) †.

Santans. (de). Eteinte et relevée par Terrier. Confirmation de

noblesse en 1570. — D'argent à la croix ancrée de sable.

Saporta (de), à Poligny, originaire de Provence.

Sardon. L. N. en 1413. — d'argent à 3 coquilles de gueules, mises en pal.

Sarget du Frasnoy. — Vairé d'argent et de gueules.

Sarragoz, de Besançon. L. N. en 1603. — Pallé d'or et de gueules de 10 pièces ; au chef endanché d'argent, chargé d'un phénix de sinople sur un bûcher de gueules.

Sarrazin, seigneurs de Saint-Martin, à Poligny †. — D'azur à 2 chevrons d'or accompagnés de 3 étoiles du même posées 2 et 1.

Sarrons. L. N. en 1555.

Sauche, de Poligny. Alliance de Mayrot.

Sauget, de Pontarlier. L. N. en 1583. — D'or au chevron d'azur.

Sauget ou **Sageti**, de Besançon †. — Parti de sable au lion d'or, et d'or au rameau de sauge de sinople mis en pal.

Saulnot (de). — D'azur à 3 barbeaux d'argent.

Saulx-Tavannes (de) †. — Originaire de Bourgogne. — D'azur au lion d'or. Devise : *Quo fata trahunt.*

Sauvage, seigneurs de Brottes.

Sauvagney (de) †. — De gueules à la bande d'or accompagnée de deux cotices du même.

Sauvigney (de), près de Pesmes. — De gueules à 3 lions d'or.

Savigny en Reversmont (de)†.

Savoyer (de). — D'or à l'aigle double de sable, membrée de gueules.

Savoyeux (de), seigneurs de l'Estoile, Domblans, etc., voir Savoyer.

Say (de). — Pallé de sable et d'argent de 6 pièces.

Scey (de), marquis de Manglane en 1647, comtes de Scey en 1649. — De sable au lion couronné d'or, armé et lampassé de gueules ; l'écu semé de 9 croisettes recroisettées, au pied fiché aussi d'or. Les armes anciennes étaient : de vair.

Seguin, de St-Aubin †. — D'azur au chevron d'or accompagné en chef de 2 quintefeuilles d'argent, et en pointe, d'un cigne essorant d'argent.

Semoustier (de). — Burelé d'argent et de gueules.

Sendrecourt (de) †., voir Cendrecourt.

Seroz (de). — De gueules à la croix ancrée d'argent.

Servage. — De sable au chevron d'or.

Servel, de Poligny †.

Seveux (de) †. — De.... à une bande accostée de 2 cotices de...

Seyturier (de). — D'azur à 2 faulx d'or passées en sautoir.

Siffredi (de), à Salins, originaire de Naples. — De gueules à 3 annelets d'argent.

Sigoney. — D'azur au sautoir d'hermines cantonné de 4 étoiles d'or ; au chef de l'Empire d'Autriche.

Sirole. — D'azur à un chevron d'argent accompagné de 3 têtes de béliers, affrontées, et posées 2 et 1.

Sixsols, de Besançon †. — d'azur à un croissant d'argent en cœur, surmonté d'une coquille du même et de 2 étoiles en chef, aussi d'argent.

Sœilley (de). — D'azur à la fasce d'argent accompagnée en chef de 2 croissants du même.

Sonnet d'Auxon, de Vesoul. L. N. en 1512. — D'azur à 7 sonnettes d'or posées 2 et 1.

Sorans (de), seigneurs de Vitrey, etc., voir Rosières.

Sorbier (le). — De gueules à la fleur de lis d'or.

Sordet, de Noseroy et Dôle. L. N. en 1611. — De gueules à 3 têtes de levriers accolées, et couronnées d'argent.

Sugny (de), à Poligny. Alliance de Mayrot.

Syvria (de). — De gueules à la fleur de lis d'or (voir Civria).

Tabouret. — De sable à un chevron d'argent accompagné de 3 tambours couchés du même, posés 2 et 1.

Tanchard. L. N. par le duc de Wurtemberg. — De sable à la levrette d'or accolée de gueules.

Tarant. — D'azur au pal d'or.

Tarrevelot, de Besançon. — D'azur à la fasce d'argent chargée d'une croix ancrée de sable, accostée de deux étoiles.

Tartre-de-Laubespin (du), de Poligny, originaire du Duché. Lettres de chevalerie en 1636. — D'azur à 2 barbeaux d'argent adossés, accompagnés de 4 croix du même, posées 1, 2 et 1.

Tavanne (de). — D'azur au coq d'or, crêté de gueules.

Tenarre de Montmain (de). — D'azur à 3 chevrons d'or.

Terrier de Santans, Ranzevelle, Montciel (de), de Vesoul. Lettres de marquis de Terrier, en 1740 ; de marquis de Montciel aussi en 1740. — De gueules à 3 gerbes de blé d'or, liées d'argent.

Theuley (de), seigneurs de Monturey-le-Château.

They (de) †. — D'or à 2 fasces d'azur.

Thiadot, de Luxeuil. — Ecartelé de sable et d'argent, à un croissant d'argent sur le sable.

Thiard de Bissy (de), originaire du Charollais. — D'argent à 3 écrevisses de gueules.

Thiebaud, seigneurs de Parcey. — D'azur à la bande d'argent accompagnée de 2 étoiles du même, la bande brisée d'un croissant montant de gueules.

Thierry de Magnoncourt. — D'azur à la fasce ondée d'argent, accompagnée de 3 glands renversés d'or, et posés 2 et 1.

Thon (de). — De gueules à la fasce d'argent, et au levrier du même en pointe.

Thomassin (de). Lettres de baron de Monthoillon en 1608. — D'azur à la croix noueuse, et branchetée d'or.

Thoraise (de) †. — De sable au lion d'or armé de gueules, surmonté d'un lambel de 3 pendants aussi d'or.

Thuillère-de-Montjoie (de). — De gueules à 2 clefs d'or accompagnées de 9 billettes du même.

Thurey (de). — De gueules au sautoir d'or.

Tinseau de Gennes (de), de Besançon. L. N. en 1568 et 1670. — De gueules à un bras vêtu d'or, mouvant de senestre, et tenant un rameau d'hysope à 3 branches d'or.

Tiotet. — De... à 3 œillets de gueules soutenus de sinople.

Tison. — D'argent à 5 pals de gueules alisés en forme de flammes ; au lambel de 3 pendants du même.

Tisserand ou **Tixerand**. — De gueules à la levrette d'argent, accolée du champ et bouclée d'or.

Tissot, de Pontarlier. Permission de posséder fief en 1532. — D'azur au sautoir engrelé d'or, chargé en cœur d'une rose d'azur.

Toquet, seigneurs de Mongesson et Montfleur.

Tornand, de Besançon †. — D'azur au lion d'or.

Tornond, de Noseroy. L. N. en 1536. — D'azur à 3 tours d'argent, aux portes et fenêtres de gueules.

Torsy (de) — D'argent à 4 pals de sinople.

Toulongeon (de), comtes de Champlite. Lettres de chevalerie avec certificat d'origine chevaleresque en 1598. — De gueules à 3 jumelles d'argent.

Tour-St-Quentin (de la), voir Bourgeois.

Tour (de la), de Dôle †. — D'azur à une tour d'or surmontée en chef de 3 étoiles d'or mises en fasce.

Tour-de-Jousseau (de la). — De sable à 3 chevrons de gueules bordés d'argent.

Tourbier de Beaumarché, seigneurs de Miserey.

Tournelle (de la), originaire du Morvan. — De gueules à 3 tours d'or.

Tournon (de). — D'azur à 3 tours d'argent.

Touvière (de la). — D'argent au griffon coupé d'or et de sable, armé et lampassé de gueules.

Toytot, de Lisle. — D'azur au chevron d'or accompagné de 2 croissants d'argent en chef et d'une rose d'or en pointe.

Tramelay (de) †. — D'or au chef de gueules.

Tranchant de Borey et La Verne, de Vesoul. Confirmation de noblesse en 1710; comtes de Borey en 1712. — D'azur au dauphin couronné, d'argent ; au chef d'hermines.

Trassigny (de). — Bandé d'or et d'azur, à un lion brochant de sable, et à la bordure endantée de gueles.

Traves (de). Eteinte dans la Maison de Choiseul.

Trembloy (du) †. — De gueules, à la bande d'or, accompagnée de 6 molettes du même, mises en orle.

Trembloy (du) †. — D'argent à 3 fasces d'azur.

Tressette. — D'azur à 3 fasces d'argent, au chevron de gueules, rompu en chef et brochant sur le tout.

Trestondans (de). Lettres de marquis en 1714. — D'azur à 3 chevrons d'or couchés en bande, entre 2 cotices du même.

Trevillers (de). — D'azur à 2 bars adossés d'argent, à une croix du même en chef.

Tricornot du Trembloy, de Gray. L. N. en 1630. — D'azur à 3 cors de chasse virolés, d'or et posés 2, 1.

Troillière (de la), originaire du Bourbonnais. — D'azur à 3 têtes d'ânes d'argent, bordées de gueules ; écartelé d'argent à 3 aigles de sable

Truchis (de), originaire d'Italie. — D'azur à un pin d'or soutenu par 2 lions affrontés du même.

Tugnot de **Lannoys**.

Turey. — Coupé de gueules et d'argent, le premier chargé de 4 pals d'argent ; le second d'une rose de gueules.

U

Udressier (d'), de Salins. Lettres de comte en 1712. — D'argent à 2 rameaux entrelacés de sinople, chargés de fruits de pourpre.

Ugny (d') †. — près d'Arinthoz †.

Usie (d') †. fascé d'or et d'azur de 6 pièces ; à la bordure de gueules brochant sur le tout.

V

Vadans (de) †. — D'argent à un château de gueules flanqué de 2 tours inégales ; à un ours de sable sortant à moitié de sa porte.

Vaire (de) †. — De vair.

Vaitte (de) †. — D'or à 3 quintefeuilles percées de gueules.

Vaivre (de), de Besançon. — D'azur au sautoir d'or chargé de 5 losanges de gueules.

Val de Vivay (du), originaire de Champagne. — D'azur à la bande d'argent.

Valimbert (de), à Besançon. — D'azur à la fasce d'argent

accompagnée de 3 étoiles d'or posée 2 et 1.

Valle, de Besançon. — L. N. en 1623. — Écartelé de gueules et d'argent, à une croix ancrée de l'un en l'autre, brochant sur le tout.

Valleroy (de). — De gueules à la bande ondée d'argent.

Valloreille (de) †. — D'azur à une fasce ondée d'argent, chargée d'une écrevisse de gueules.

Vandenesse (de), originaire du Duché. — D'or à 4 pals de gueules; à 1 chevron brochan d'argent au chef du royaume des Romains, par concession de Charles-Quint en 1524.

Varax (de). — De vair écartelé de gueules.

Varembon (de)†. — De gueules à la fasce ondée d'argent, avec 2 emmanchures du même sur le chef.

Varenne (de). — D'azur à la bande d'or accompagnée de 12 billettes du même.

Varin d'Audeux et **Noidans**, à Besançon. L. N. en 1611 et 1634 ; lettres de chevalerie en 1661. — Une croix ancrée d'or en champ d'azur, chargée d'une coquille de gueules. Depuis 1611 : d'argent à un rameau de laurier de 5 branches de sinople, mis en bande et surmonté au 1er canton d'une étoile d'azur.

Varondel (de), de St-Claude †. —D'azur à 3 bandes d'or; au chef cousu de gueules, chargé de 3 sonnettes d'or.

Varoz dit **Gaucher**. L. N. et de chevalerie en 1626. — D'or à 4 serpents mis en pal; au chef d'azur chargé de 3 étoiles d'or.

Vaucaire (de), originaire d'Italie, éteinte au XIIe siècle.— Vairé; à la fasce d'or sur le tout.

Vauchard, de Gray et Dôle. — D'or à 3 rocs de gueules.

Vaucherot, de Poligny. — De gueules à la fasce d'argent chargée en cœur d'une croisette pattée d'azur, accompagnée de 3 têtes de bœufs aux cornes d'or, 2 en chef et 1 en pointe.

Vaudrey (de). — De gueules à une emmanchure d'argent de 2 pièces. Devise : *J'ai Valu, Vaux et Vaudrey* (allusion aux seigneuries de ce nom).

Vaugrenans (de), éteinte au XIVe siècle. — De sable au lion d'argent armé et couronné d'or.

Vaugrigneuse (de). — De sinople à la croix d'or.

Vaulchier du Deschaux (de). L. N. en 1516 ; titre de marquis en 1755. — D'azur au chevron d'or accompagné de 3 étoiles du même.

Vautravers (de). — D'azur à 3 pals d'or.

Vaux (de), de Salins, éteinte dans Alepy. — D'azur à 3 chapeaux d'albanais d'or.

Vauxelles (de). — D'or à 3 fasces de gueules.

Veau (le), seigneurs de Landon †. — D'azur à une bande d'or chargée de 3 coquilles de gueules.

Velle (de). — De sable à la tour d'argent.

Vellefaux (de) †. — De gueules à la fasce d'argent frettée de sable, accompagnée de 3 têtes de léopard du même.

Velleguindry (de). —D'or à la bande de gueules frettée d'or, cotoyée de 3 bâtons de gueules.

Vennes (de). — De gueules à la fasce d'or.

Vercel (de) †. — D'azur à 3 bandes d'or.

Verchamps (de) †. — De sable à 3 fasces d'or.

Verger (du). — De gueules au cerf rampant d'argent.

Verges. — De sable à 3 étoiles d'argent posées 2 et 1.

Vergy (de) †. (1). De gueules à 3 quintefeuilles percées d'or, posées 2 et 1. Devise : *Sans varier Vergy !*

Vernée (de la), originaire de Bresse. — D'azur à la bande d'or bordée de gueules et chargée de 3 étoiles du même.

Verneret de Betoncourt, de Passaufontaine (de).--L. N.(*) en 1650. — De gueules au sautoir d'argent à un croissant montant du même en pointe.

Vernerey, de Passavant. L. N. en 1623. — Une branche de verne de... en champ de...

Vernier de Bians, de Salins.— D'azur à la fasce d'or accompagnée en chef de 2 têtes d'aigles arrachées de sable ; écartelé de Noseroy.

Vernier de Motte. Lettres de réhabilitation par le duc de Lorraine en 1655. — D'azur au lion couronné d'or, armé et lampassé de gueules; écartelé d'or, bandé d'azur de 6 pièces, à la bordure de gueules et à la fasce du même, surchargée d'une autre d'argent, brochant sur le tout. Sur le tout : D'azur au lion naissant d'or; coupé, d'or à

une feuille de laurier de sinople.

Vernois (le), près d'Arbois †. — De gueules emmanché de 2 pièces d'or.

Vers-Merceret (de), de Salins. — D'or au sautoir d'azur chargé d'une coquille d'or. Il existe des lettres de noblesse de 1503 au nom de Devers, de Salins.

Versé de Poligny. — De sable à un oranger d'or.

Vertamboz (de). — D'azur à la bande d'or accompagnée de deux anneaux entretenus d'argent en chef, et d'une étoile du même en pointe.

Vichot, seigneurs de Feur, originaires de Dijon.

Vieux, de St-Amour †. — De gueules à la fasce d'or accompagnée de 3 croix du même.

Vienne (de), origine commune avec les comtes de Bourgogne †. — De gueules à l'aigle d'or. Devise : *A tout bien Vienne.*

Viennot. L. N. sous le nom de Benoz (voir ce nom).

Vigne (de la), Seigneurs de Villersexel.

Vigoureux de They, d'Arbois et Besançon †. L. N. en 1544. — D'azur au croissant montant d'argent, surmonté d'une étoile d'or en chef.

Vigoureux, de Salins. L. N.

(*) † Ce signe remplace le mot *éteinte.* — (*) L. N. *Lettres de noblesse.*

(1) La maison de Vergy s'est alliée plusieurs fois aux ducs de Bourgogne. Elle a fourni un maréchal de France, des maréchaux de Bourgogne, des archevêques, des évêques, etc. Elle s'est éteinte en 1602

en 1628. — D'azur à 3 poires feuillées d'or, les queues en haut.

Velle (de) †. — D'argent à la bande de gueules chargée de 3 roses d'or et accompagnée de 5 étoiles de gueules.

Villefrancon (de) †.

Villelume (de). — D'azur à 2 besans d'argent par 2 et 1.

Villeneuve (de). — De sable à 5 besans d'argent, mis en sautoir.

Villers-la-Faye (de), originaire du Duché. — D'or à la fasce de gueules.

Villers ou **Villars** (de). — De gueules à 3 étoiles d'or entre deux batons du même.

Villersexel (de), branche de la Roche, éteinte et relevée par Faucogney. — Cinq points d'or équipollés à 4 d'azur.

Villette (de).—De Besançon †. — D'or à la bande de gueules chargée de 3 roses d'argent, accompagnée de 7 croisettes de gueules fleuronnées, au pied fiché du même, posées 4 en chef et 3 en pointe.

Villette (de la). — D'or à une losange d'azur et à la fasce de gueules chargée de 3 quintefeuilles d'argent.

Villey (de). — Coupé d'argent et de gueules, le premier chargé de 3 pals de gueules.

Vincent, de Poligny. L. N. en 1446.

Vincent, de Lons-le-Saulnier.

Viney, à Vesoul.

Vinito (de), Seigneurs de Domblans.

Violet d'Epagny. Confirmation du nom d'Epagny en 1861.

Vion de Gaillon(de), originaire de Bourgogne. — De gueules à 3 aigles d'argent, au vol abaissé, becquées et armées d'or.

Viquot, de Dôle. — De gueules à un coq d'argent, levant la patte dextre, crêté, barbé et membré de gueules.

Viron, de Salins. L. N. en 1541. — D'azur à un palmier arraché d'or ; au chef du royaume des Romains.

Virot, de Montbéliard. — D'argent à une rose de gueules soutenue de sinople, environnée de 7 tourteaux de gueules posés 3, 2 et 2.

Viry (de). — Pallé d'argent et d'azur de 6 pièces.

Visemal (de). — De gueules au chevron d'argent, à un croissant du même au canton senestre.

Voisey (de). — De sable à 3 têtes de cigne d'argent, becquées de gueules.

Voiturier, d'Arbois. — D'azur à la fasce d'argent accompagnée de 3 coquilles du même, posées 2 et 1.

Vorne (de), d'Ivory. — D'azur à 5 besans d'argent mis en sautoir.

Vuillafans (de) †. — D'argent à la bande de sable chargée de 3 coquilles d'or et accompagnée de 2 cotices de sable.

Vuillemenot de Nanc. — D'azur au chevron d'or accompagné de 3 trèfles d'argent.

Vuilleret de Brottes et Villers.

Vurry, de Dôle. — D'azur à 3 roues d'or.

Vy-les-Lure †. — D'argent au lion de sable armé et couronné d'or.

Watteville (de), originaire de Suisse. — De gueules à 3 demi-vols d'argent posés 2 et 1.

Willot de Beauchemin, de Poligny. — D'azur à 3 têtes de lion d'or, lampassées de gueules. Devise : *Mihi pro aris et rege animus.*

Wiltz (de), originaire du Luxembourg. — D'or au chef de gueules.

Witem (de). — D'argent à la croix endentée d'azur.

Wuillin on **Vuillin,** Seigneurs d'Autoison et Thurey.

LISTE

des

ARCHEVÊQUES DE BESANÇON

Depuis l'année 1253, époque de la réunion des deux églises de St-Jean et de St-Etienne, jusqu'à l'époque de la Révolution.

Le titre de Prince du St-Empire était attaché à la dignité d'Archevêque de Besançon.

Vuillaume de Vienne. — Eudes ou Odo de Rougemont. — Hugues de Chalon. — N. Vital (de Gascogne) (1). — Hugues de Vienne. — Jean de Vienne. — Louis de Montbéliard. — Aymon de Villersexel. — Guillaume de Vergy. — Girard d'Athies (de Picardie) (2). — Thiebaud de Rougemont. 1404 à 1429 — Jean de Rochetaillée. 1430 à 1437.—François Condelmere (de Venise)(3). — Jean de Norry (du Dauphiné) (4). — Quentin Ménart de Falvigny, 1439 à 1462. — Charles de Neufchatel, 1463 à 1498.— François de Busleiden, 1499 à 1502 (5). — Antoine de Vergy, 1503 à 1541. — Pierre de la Baume (cardinal), 1542 à 1544. — Claude la Baume (cardinal), 1556 et 1584 (6). — Antoine Perre-

---

(1) De... à une branche garnie de 3 feuilles de chêne et de 3 glands; à 2 oiseaux affrontés et posés sur les feuilles.

(2) D'argent à 3 fasces d'azur; à la bande de gueules sur le tout.

(3) D'azur à la bande d'argent.

(4) De gueules à la fasce d'argent.

(5) D'azur à une fasce d'or surmontée d'une rose d'argent.

(6) De 1544 à 1546, l'archevêché fut administré par François Bonvalot, beau-frère du chancelier de Granvelle.

not de Granvelle (cardinal), 1584 à 1585. — Ferdinand de Longwy-Rye. 1586 à 1636. — François de Rye, 1636 à 1637. — Claude d'Achey, 1636 à 1654. — Charles-Emmanuel de Gorrevod, 1654 à 1659. — Jean-Jacques Fauche de Domprel , 1661 à 1662. — Antoine de Grammont, 1663 à 1698. — François-Joseph de Grammont, 1699 à 1717. — René de Mornay du Plessis, 1717 à 1724. — Honoré-François de Grimaldi, 1724 à 1731. — Antoine-François de Blisterwich, 1731 à 1735. — Antoine-Pierre de Grammont, 1735 à 1754. — Antoine Cleriadus de Choiseul-Beaupré, 1754 à 1773. — Raymond de Durfort, 1774, mort à l'émigration.

Mgr Jacques-Marie-Adrien Mathieu , cardinal, sénateur, qui occupe actuellement le siége archiépiscopal de Besançon, a succédé au cardinal de Rohan, mort en 1833.

CHEVALERIE DE St-GEORGES.

La Chevalerie de St-Georges de Franche-Comté, a été fondée à Rougemont vers l'an 1300, par les princes du pays. Les troubles et les guerres du XIVe siècle lui portèrent un coup funeste, et auraient entraîné infailliblement sa ruine, sans le zèle de Philibert de Mollans, qui, après avoir rapporté d'Orient les reliques de St-Georges, rassembla en 1390 un grand nombre de chevaliers et réorganisa en 1400, l'association sur de nouvelles bases. Un gouverneur fut créé, et les sages règlements qui furent établis, attirèrent dans le cercle de cette institution les plus nobles seigneurs de la province.

Le but de cette Chevalerie était le soutien de la religion, la fidélité au souverain et l'honneur. Le siége des réunions était à Besançon dans la maison des Carmes, et le signe distinctif de l'Ordre, un St-Georges terrassant un dragon, le tout d'or. — Cette décoration d'abord suspendue à une chaîne d'or, fût en 1430 par concession de Philippe-le-Bon duc de Bourgogne, rattachée à un ruban rouge, que Louis XIV changea pour un bleu.

Les règles fondamentales de l'admission étaient la résidence en Franche-Comté, et la qualité de noble d'origine, appuyée sur 4 quartiers.

L'assemblée de 1550 décréta la justification de 16 quartiers remontant à 130 ans de noblesse. Ce règlement fut plus rigoureux dans la suite ; car le prétendant dut prouver sa noblesse de 16 quartiers, sans traces d'anoblissements, et remonter jusqu'à son 10e aïeul noble.

A l'époque de la Révolution de 1789, les membres de l'Ordre furent dispersés. En vain se réunirent-ils, pendant la Restauration, en vain en 1823 créèrent-ils de nouveaux chevaliers : le vent destructeur des anciennes institutions soufflait encore et devait entraîner à sa suite (1830) les débris de cette séculaire association.

Noms des Gouverneurs depuis l'an 1400.

Philibert de Mollans, écuyer du duc de Bourgogne, en 1400. — Pierre de Vergy, après 1500. — François de Leugney, en 1579. — Nicolas de Villers, en 1597. — Deile de Moustier, 1608. — Philibert de Moustier-Bermont, 1632. — Jean-François de Vy, 1637. — Claude-Antoine de Vaudrey-Beveuge, 1667. — Claude-Louis de Falletans, commissaire général des troupes du pays, 1679. — Charles-César, marquis de St-Mauris-en-Montagne, lieutenant général, 1701. — Frédéric-Eléonor, marquis de Poitiers, brigadier des armées, 1705. — Jean-Christian, marquis de Watteville, lieutenant général des armées, 1714. — Antide-Marie de Pra-Peseux, grand bailli de Langres, 1725. — Pierre, marquis de Grammont-Granges, lieutenant général des armées, 1757. — Charles-Emmanuel, marquis de St-Mauris-Chatenois, pair de France, 1823.

Noms des Familles admises à St-Georges.

Accolans, 1 — Achey, 8 — Aigremont, 1 — Allemand-Molprey, 2 — Allenjoie, 1 — Amance, 3 — Amandre, 5 — Ambly, 2. — Andelot, 17 — Angoulvent, 2 — Arberg-Valengin, 1 — Arbois, 1 — Arbonnay, 1 — Arguel, 2 — Armenier, 1 — Aroz, 2 — Aubonne, 2 — Augicourt, 1 — Azuel, 7 — Ballay, 8 — Bauffremont, 6 — La Baume-St-Amour, 3 — La Baume-Montrevel, 6. — Beaujeu, 9 — Beaumotte, 3 — Belot-Villette, 15 — Bernard Montessus, 4 — Le Blanc, 1 — Blaunay; 1 — Blisterwich, 10 — Le Bœuf-Guyonvelle, 2 — Bonvalot, 1 — Bougne, 3 — Bouttechoux, 5 — Bouzies, 4 — Bressey, 8 — Brunecoff, 1 — Buffignécourt, 1 — Bussy, 1 — Butte, 2 — Buson, 4 — Byans, 3. — Capelet, 1 — Chaffoy, 1 — Chalant, 1 — Chalons, 2 — La Chambre, 1 — Champagne, 12 — Chamtrans, 5 — Charmes, 2 — Charmoilles, 2 — Chassagne, 1 — Chassey, 1 — Du Chatelet, 2 — Chavirey, 2 — Chauvirey, 4 — Chemilly, 1 — Chenecey, 1 — Chilley, 1 — Chevigney, 1 — Chissey, 1 — Cicon, 6 — Citey, 3 — Clairon, 7 — Clermont, 2 — Conflans, 1 — Constable, 3 — Coquelin-Germigney, 2 — Coublans, 2 — Courbessaint, 1 — Crecy, 3 — Crosey, 3 — Culz, 8 — Cusance, 4 — Deschamps, 10 — Diesbach, 1 — Dompré, 1 — Enskerque, 1 — Epenoy, 1 — Esterno, 2 — Falerans, 2 — Falletans, 12 — Ferrette, 1 — Flammerans, 1 — Fouchiers, 3 — Franchet, 5 — Franquemont, 5 — Friant, 6 — Froissard-Broissia, 11 — Gevigney, 5 — Gilley, 1 — Gorrevod, 2 — Grachaux, 4 — Grammont Grange, 45 — Granvilliers, 1 — Grivel, 4 — Guyot, 5 — Hagenbach, 2 — Haraucourt, 6 — La Haye, 1 — Hung, 1 — Igny, 2 — Iselin, 5

Nota. — Les chiffres qui suivent les noms indiquent le nombre des chevaliers fournis par chaque maison.

Jaquelin, 5 — La Jonchières, 1 — Jouffroy, 9 — Lallemand , 12 — Lambrey, 4 — Lanans, 3 — La Palud, 6 — Lannoy, 2 — Lantenne, 3 — Laubespin, 4 — Lavier, 1 — Laviron, 1 — Lavoncourt, 2 — Leugney, 12 — Lezet, 10 — Livron, 1 — Loige, 1 Longevelle, 3 — Longvy 2 — Du Louverot, 4 — Mailleroncourt, 1 — Mailly, 1 — Maisières, 2 — Maisonvaux, 1 — Malin, 1 — Mandre, 10 — Mangerost, 5 Marmier, 1 — Marenche, 1 — Marnix, 4 — Mathay, 3 — Mauclerc, 2 — Meligny, 4 — Moffans, 3 — Mollans, 1 — Montagu-Boutavent, 3 — Montbéliard, 1 — Montclef, 2 — Montfort-Taillant , 1 — Montfort-Ternier, 1. — Montjeutin, 2 — Montmartin, 10 — Montrichard, 12 — Montrichier, 1 — Montrond, 1 — Montrost, 4 — Mont-St-Ligier, 4 — Montureux-Ferrette, 7 — Montureux-sur-Saône , 1 — Mouchet-Châteaurouillaud, 5 — Mouchet-Battefort-Laubespin, 7 — Moustier, 15 — Moyria, 4 — Mugnans, 4 — Nant, 2 — Nance, 1 — Neufchatel, 4 — Noidans, 2 — Occors, 2 — Oiselet, 9 — Orchamps, 1 — Orsans, 15 — Du Pasquier, 5 — Peloux, 1 — Perrenot-Granvelle, 3 — Petitcpierre, 2 — Pierrefontaine, 8 — du Pin, 3 — Plaine, 3 — Poitiers, 3 — Poligny, 4 — Pontailler, 3 — Port, 1 — Poutier, 2 — Pra, 4 — Précipiano, 3 — Presentevillers, 4 — Prévost, 2 — Queüve ou Cuve, 2 — Quingey , 3 — Reinach, 1 — Raincour, 14 — Ray, 8 — Remilly, 1 — La Roche, 2 — La Rochelle, 3 — Romain, 1 — Ronchaux, 1 — Roppe, 1 — Rosières-Sorans, 10 — Rougemont, 9 — Rye, 8 — Sacquenay, 5 — Sagey, 6 — St-Aubin, 1 — St-Martin, 3 — St-Mauris-en-Montagne ou Chatenois, 30 — St-Mauris-Crilla, 2 — St-Mauris-Montbarrey, 7 — St-Seine, 4 — Du Saix, 3 — Salives, 6 — Saule, 1 — Say, 1 — Scey, 15 — Semoustier, 1 — Seroz, 4 — Sonnet, 1 — Steure, 1 — Syvria, 1 — Du Tartre , 8 — Tavanne , 1 — Tenscy, 1 — Thon, 1 — Thoraise, 1 — La Tour St-Quentin, 7 — Tournon, 2 — La Touvière , 1 — Trestondans , 2 — Thuillière-Montjoie, 3 — Vair, 1 — Vaivre, 1 — Vaudrey, 17 — Vautravers, 1 — Velleguindrey, 1 — Venères, 1 — Vennes, 1 — Vercel, 4 — Vergy, 9 — La Verne, 1 — Vers-Merceret, 5 — Vesoul, 7 — Vienne, 5 — Villars ou Villers, 7 — Villey, 6 — La Villeneuve, 3 — Villers-la-Faye, 3 — Virey, 1 — Visemal, 3 — Voisey, 6 — Vy, 24 — Watteville, 2 — Willafans, 4 — Wiltz.

Chapitre de la Métropolitaine de Besançon.

Pour être admis dans ce Chapitre, qui relevait immédiatement du St-Siége, on exigeait la preuve de 16 quartiers de noblesse. Celui qui s'y présentait comme gradué, devait être fils de père noble ou gradué. Voici l'état de ce Chapitre au moment de la Révolution de 1789 :

Raymond de Durfort, archevêque de Besançon, en 1774 — Franchet de Rans, haut doyen, 1745 — Bouttechoux de Chavanne, grand-archidiacre, 1737 — Martin, grand chantre, 1740 — Courthaud de Rambey, grand trésorier, 1745 — Boudret, archidiacre de Salins, 1746 — Champagny, archidiacre de Faverney, 1747 — De Camus, archidiacre de Gray, 1748 — Talbert, archidiacre de Luxeuil, 1752.

Chanoines.

Matherot de Desne, 1757 — De Poutier de Vauconcour — De Chaffoy, 1759 — D'Agay, 1761 — Clerc, 1573 — Pusel de Boursières, 1764 — Hugon — Attalin, 1768 — De Pillot de Chenecey — Gallois, 1769 — Bailly, 1772 — Maire d'Hurecourt, 1774 — Grosjean — Desbiez — Buretel de Chassey, 1775 — Huot de Charmoille — Pentitbenoit de Chaffoy — Durand — Seguin — Tinseau de Gennes 1776 — D'Orival — De Pillot-Chenecey, 1777 — Camusa — Despotot — D'Audé de Monteil, 1778 — Frère de Villefrancon, 1781 — Marrelier de Verchamps — Broquard de Lavernay, 1782 — Marechal d'Audeux, 1783 — De Mongenet — Talbert de Nancray — Caboud — Le Bas de Bouclans, 1784 — Maire — Frère de Villefrancon — Desbiez de Marenche, 1786 — De Maillot — Maire de Bouligney, 1786.

Chapitre de la Cathédrale de St-Claude.

L'abbaye de Condat, connue depuis sous le nom de St-Oyan-de-Joux, puis sous celui de St-Claude vers le VIIᵉ siècle, a été sécularisée et érigée en évêché en 1742. On a toujours exigé pour l'admission à St-Claude, la preuve de 16 quartiers de noblesse. Le Chapitre était ainsi composé en 1789 :

Jean-Baptiste de Chabot, évêque de St-Claude en 1785, chanoine d'honneur du Chapitre.

Les chanoines honoraires étaient :

De Jouffroy-Gonssans, évêque du Mans, 1777 — D'Agay, coadjuteur de l'évêque de Perpignan, 1779. — De Laubespin — De Gain de Linars — De Cordon — de Vassal — De St-Gily — De Moyria.

Les chanoines étaient :

De Charbonnières, haut doyen, 1765 — De Charbonnières-St-Brice grand-archidiacre, 1781 — D'Escairac, archidiacre — De Moyria-Maillac, grand-chantre, 1743 — De Jouffroy d'Abbans, 1783 — De Gourcy — De Reinach, 1770 — De Ros, 1774 — De Balathier de Lantaye, 1775 — Morel ou Borel d'Hauterive, 1778 — Barthélemy de la Sudrie, 1778 — De Reinach, 1778 — D'Hauterive, 1779 — De Morel-Servetas, 1780 — De Coustain — De Manasdau — De Poulmie de Vassal, 1785.

Chapitres de Lure et Murback.

Ces deux Chapitres ont été sécularisés et réunis en 1764, sous le nom d'Eglises Collégiales. L'abbé était Prince du St-Empire. On exigeait pour l'admission la preuve de 16 quartiers de noblesse.
Voici la situation de ce Chapitre en 1789 :
Frédéric de Rath-Samhausen, abbé, Prince des abbayes unies de Murback et de Lure.
CHAPITRE DE MURBACK. — Le baron de Beroldingen, haut doyen, 1774 — Comte de Bouzies de Rouvroy, grand chantre — De Rath-Samhausen — De Beroldingen — Baron de Reutner de Weyll — Baron de Reichenstein — Baron de Schoeneau — Baron de Gohr.
CHAPITRE DE LURE. — De Reinach, grand prévot, 1778 — De Girardi, trésorier — De Thurn — De Laubespin — d'Andlau d'Hombourg — D'Andlau de Wittenheim — De Truchfess — De Thurn, 1783.

Chapitre de Baume-les-Messieurs.

Abbaye de Bénédictins qui a été sécularisée en 1759. On exigeait pour l'admission, la preuve de 16 quartiers de noblesse.
ETAT DU CHAPITRE EN 1789. — CHANOINES.
De la Fare, abbé, en 1776 — De Montrichard-Fronteney, doyen — De Falletans — Du Pasquier-Virmont — Buson de Champdivers — De Montrichard — De Clermont-Mont-St-Jean — D'Andelard — De Bancenel — Grivel.

Chapitre de Gigny.

Dans ce Chapitre sécularisé en 1757, on exigeait la preuve de 8 quartiers de noblesse.

ETAT DU CHAPITRE EN 1789. — De Moyria, doyen — De Falletans — De Bellot-Montbozon — De Jouffroy-Gonssans—d'Esternoz — De Montfaucon — De Menton de Rosy — De Montfaucon — De Foudras de Molans.

Chapitre de Baume-les-Dames.

Cette abbaye devait sa fondation à Garnier, duc de Neuchâtel, en 763. Les preuves nécessaires pour l'admission étaient de 8 quartiers de noblesse paternelle et maternelle. Le Chapitre était ainsi composé en 1789 :
De Mouchet de Battefort de Laubespin, abesse, 1787.—*Professess* de Maillac, doyenne — De Bellot-Mauvilly — De Jouffroy-Abban:

— De Raincourt — De Crécy — *Non professes :* de Mouchet-Laubespin — de Sainte-Colombe — de Grammont — de Montrichard Saint-Martin.

Chapitre de Château-Châlons.

L'abbaye des Dames de Château-Châlons, fondée vers l'an 670, par Norbert-Patrice, a été une des plus illustres de la Franche-Comté. On y prouvait 16 quartiers de noblesse.

ETAT EN 1789. — Charlotte de Stain; abbesse — Desle de Scey, prieure — Alexandrine-Gabrielle de Froissard, chantre — Antoinette de Falletans, doyenne — Antoinette de Chargères — Gabrielle de La Poype-Serrière, chapelaine — Anne Dorothée du Pasquier-Villette — Eléonore A.-T. de Charmoncel — Adélaïde d'Aremberg — Marie-Anne de Moyria — Anne-Antoinette de Mouchet Laubespin — Marie P.-B. de Bellot d'Ollans — Thérèse-Augusta, de Stain — Charlotte de La Balme — Charlotte de Moyria-Montagne.

Novices : de Broissia — de Scey—de Scey-Flagey — d'Esternoz - - d'Esternoz de Nans — de Grammont — de Rose — de La Poype-Serrière — de La Poype-Coursans.

Chapitre de Lons-le-Saunier.

Cette abbaye devait sa fondation à un seigneur de la maison ds Vienne. Philippe-Le-Bel confirma les priviléges des religieusee en 1302. On n'exigeait primitivement pour la réception que 8 quartiers de noblesse ; mais à partir de 1636, la preuve fut portée à 16 quartiers.

ETAT DE LA MAISON EN 1789. — Marguerite-Françoise de Bouttechoux, abbesse — de Mignot de Bussy, Coadjutrice 1784 — de Grivel-Perrigny, doyenne. *Chanoinesses* — de Vers-Vaudrey — de Vers de la Châtelaine—de Balay—de Champagne—de Champagne d'Igny — de Malivert — de Germigney — de Bellot de Larians — de Bouttechoux des Arsures — de Vers-Vaudrey — de Bereur-Bresilley — de Poligny — de Bloise — de Bloise d'Hannonville — du Roux — du Roux de Langesse — de Bellot — Moreau de Bernay — de Mignot de Bussy — de Mignot de Chatelard — de Nompère de Champagny. — *Non professes.* De Bassenet aînée — de Bassenet jeune — de Bouttechoux-Montigny — de Poligny d'Evrans — de Poligny d'Augeat — de Nompère de Champagny — de Champagny — de Gillot aînée — de Gillot jeune — de Maupeou aînée — de Maupeou jeune — de Maupeou puinée — de Lenfernat — de Poligny — de Grivel aînée — de Grivel jeune — de Franchet de Rans aînée, jeune et puinée — de Germigny aînée et jeune.

Chapitre de Migette.

Cette abbaye fut fondée au 13e siècle par Marguerite de Bourgogne, femme de Jean de Chalons. On prouvait pour l'admission 16 quartiers de noblesse.

ETAT DE LA MAISON EN 1789. — de Franchet de Rans, abbesse — de Lallemant de Vaitte, doyenne — *Chanoinesses* — de Saint-Mauris-Sceau — de Poly — de Franchet de Rans — de Jouffroy-Gonssans — d'Hennezel de Baujeu — de Pillot-Chenecey — de Franchet de Rans—de Germigney — de Montrichard — de Montrichard Saint-Martin — Duc—de Rully—de Magenis,—de Goësbriant — de Goësbriant de Kerdolas — de Goësbriant de Malange — de Crécy — de Chaffoy-Munans — de Jacquot d'Andelarre — de Mascrany — de Mascrany de Château-Chinon, —de Comacre — de Chaffoy de Munans.

Non professes — de Rully Balors — de Tressan — de Chavaudon — de Chavaudon Saint-Marc — de Comacre de Fayette — de Jacquot de Rosey — de Lambertie — de Sagey — de Sagey.

Chapitre de Montigny.

Cette abbaye doit sa fondation à Alix de Bourgogne, femme de Jean de Faucogney, au 13e siècle. On devait pour l'admission , prouver 8 quartiers de noblesse.

ETAT DU CHAPITRE EN 1789.—De Guyot de Mancenans, abbesse en 1788 — de Tricornot, doyenne — de Balet du Vernois — de la Tour — de Foissy —de Monjeutin d'Autrey—Lebrun de Poligny — de Monjeutin Vellotte — de Villers-Vaudrey-Chaumerssenne — le Brun de Dinteville — de Roll — de Klinglins d'Achstat — de Klinglins de Bilseim — de Bereur — de Tricornot de la Motte — de Chaillot — de Montjeutin — de Brunet — de Mongenet — de Petremand-Vallay — de Chaillot-Dampierre — de Sonnemberg — de Mongenet-Montégut — de Brocard de Lavernay — du Peyroux — du Vivier de Solignac — de Macheco— *Non professes* — de Pouzies— de Chifflet — de Riquet Caraman — de Chapuis de Rosières — de Chapuis de Fleury.

PARLEMENT DE DOLE.

Le parlement de Franche-Comté fut institué et établi à Dôle après le traité de Senlis, en 1493. Il y fut maintenu jusqu'à la conquête de la Franche-Comté par Louis XIV, en 1668. Cette même année, après la rentrée des Espagnols, il fut transféré à Besançon. Voici, d'après les mémoires de Dunod de Charnage, la liste des membres qui l'ont composé.

PRÉSIDENTS. — Jacques Buchot en 1493 (1) — Jacques Godran 1495 — Charles de La Porte 1500 — Estienne de Thiard 1507 — Mercurin d'Arbois, 1508 Hugues Marmier de Gastey 1517 — Pierre des Barres du Perret 1565 — Pierre Froissard de Broissia 1575 — Claude Bouttechoux de Batterans 1576 — Jean Froissard de Broissia 1592 — Claude Jacquinot de Goux 1598 — Antoine Galiot 1600--Adrien Thomassin 1605--Jean Boivin de Parcey 1639 — Claude-François Lullier de Morey 1653 — — Antoine Michotey 1664 — Jean Bonvalot de l'Etoile 1665 à 1667.

CHEVALIERS-D'HONNEUR. — De Plaine 1500 — de Cicon — de Rye 1508 — de Clermont 1508 — de Vienne — de Rupt 1530 — de Cicon 1536 — de Taillant 1556 — D'Achey — Perrenot de Granvelle 1577 — Mouchet de Chateaurouillaud — d'Oiselet 1604 — de Gorrevod, duc de Pont-de-Vaux 1618 — Perrenot de Grandvelle Cantecroix 1628 — de Poitiers, 1629 — Mouchet de Battefort 1652 — de la Baume St-Amour 1646 — de La Baume-Montrevel 1656 — de Grammont 1651 — de Poitiers Saint-Vallier 1662 — Mouchet de Battefort 1665 — de Grammont.

CONSEILLERS CLERCS. — De Liévans 1500 — de La Magdeleine 1500 — David 1508 — Berthod 1508 — de Boisset 1530 — Baumotte 1530 — de Saint-Horry — Bonvalot, — d'Occors — de Boisset— de La Tour Saint-Quentin 1556 — De Poligny — de Saint-Maurice 1560 — de Poitiers 1570 — de la Tour Saint-Quentin — Grusset 1586 — de Mesmay 1587 — Farod 1591 — de Bouttechoux 1602 — de Froissard-Broissia 1607 — Capitain 1612 — Boitouset 1629 — Thomassin 1640 — de Grammont 1650 — Chifflet 1658 — de Précipiano 1664.

CONSEILLERS LAIQUES. — Despotot 1500 — Prévost — Vieux — Buffot — Moine — Cervé — Loys — de Salives — Guillet de Montby 1508 — de Salives — Jaillon — de Cise — de Maranche — de Jaillon — Mongeot de Boisset — Fabry — Perrenot de Grandvelle 1518 — de La Tour — de Thomassin 1530 — de Chaillot — de Bergères — des Barres — de Falletans -- le Veau du Landon --- Chambrier — de Saint-Maurice-Montbarrey—Collin de Valloreille 1556 — Courvoisier —. Le Clerc — Phénix — Fauche de Morteau — Chupin — Sachet — Chaillot — Vauchard — Grandjean de Romain 1576 — de Boisset 1562 — Collard de Champvans 1570 — du Champ -- Chapuis — Poly de Menetru — Seguin — Chifflet — Sonnet — Gaillard de Crillat— Laborey — de Malpas 1573 — Bouttechoux — Michotey — Huot 1579 — Grandjean — Tricornot 1583 — Merceret 1583 — Grivelet 1854 — Cécile — Colin d'Arçon 1587, Florimond — Mairot de Valay — Garnier — Odot — Belin — du Moulin 1591 — Thomssin 1593 — Poutier de Sones 1593 — Le Jeune — Jacques — Galiot — Jacquinot de Goux — Ramasson 1593 — de Menoux 1596 — Boitouset — Grusset — Grivel de Perrigny 1599 — Felletet — de Santans 1601 — Brun 1605 — Matherot

(1) Les dates indiquent l'époque de la nomination.

Raclet — Chaumont 1609 — Gillebert 1611 — Petremand — Bereur 1611 — Froment 1614 — Boivin 1617 — Clerc 1618 — Gollut 1618 — Hugon — Terrier — Petrey — Mercier 1619 — Briot de Lisle 1620 — Jacquot 1621 — Dusin 1621 — Petremand 1623 — Mairot 1627 — Buson d'Auxon — Froissard de Bersaillin 1628 — Girardot de Beauchemin 1629 — Toytot 1630 — Bereur 1630 — Lampinet — Lullier de Morey — Perrin 1633— Garnier, 1639 — Matton 1639 — Terrier — Hugon — Valimbert 1640 — Grivel de Perrigny 1642 — Tornant — Bouton de Chamblay — Jacquart — Buson de Champdivers 1644 — Brun 1645 — Monnier de Noironte 1647 — Michotey — Bonvalot de l'Etoile 1651 — Jault, 1656 — Broch 1652 — Camus 1653 — de Marenche — Boivin — Richardot — Gollut 1657 — Terrier 1658 — Jobelot — Moréal de Moissey 1663 — Matherot 1664 — Philippe 1666 à 1668.

Avocats généraux dont les noms ne figurent pas parmi ceux des Conseillers. — Gautiot 1500 — Patornay 1508 — Bouttechoux —Drouhot — de Saint-Mauris —Fauche— Damondans— Clément 1587 — Galiot 1505 — Bigot 1619 — Matherot 1637 — Bouhelier 1644 — de Maranche 1661 — de Mesmay 1664 — Chaillot 1666.

Procureurs généraux. — Thiebaud 1500 — de Vers-Vaudrey — Benoit 1540 — Camus 1572 — Saint-Mauris Montbarrey 1588 Michotey — Bassand 1627 — de Brun 1632 — Froissard de Broissia 1645 — Dagay 1655 — Reud 1668.

PARLEMENT DE BESANÇON.

Le parlement de Franche-Comté fut transféré de Dôle à Besançon en l'année 1674, six mois après la seconde conquête de cette province par Louis XIV. De l'an 1668 à 1673, le parlement de Dôle avait été suspendu, par ordre du marquis de Castelrodrigue, gouverneur des Pays-Bas, pour avoir accepté la souveraineté du roi de France. Le prince d'Aremberg, député en Comté pour en prendre le gouvernement de la part des Espagnols, établit alors à Besançon une chambre de justice souveraine, qui fut composée des conseillers Lemaire, Pélissonnier, Henry, Gilbert, d'Orival, d'Orchamps, Loriot et Reud.

Premiers Présidents. — Claude Boivin nommé en 1674 — Claude Jacquot 1674 — Jean-Ferdinand Jobelot 1675 — Gabriel Boisot, baron de Vaire 1702 — Jean-Antoine Boisot, baron de Vaire 1714 — Marie-Joseph Pourroy de Quinsonnas 1750 — Pierre-Etienne Bourgeois de Boyne 1757 — Jean-Claude-Nicolas Perrenet de Grosbois — Etienne-François Xavier Chifflet d'Orchamps — Claude Irenée Perrenet de Groshois, dernier président du parlement. (1)

LISTE DE DIFFÉRENTS PRÉSIDENTS DE CHAMBRE.(2)— Claude Bonaventure Alviset, seigneur de Charcenne 1716 — François-Joseph Alviset, son fils 1724 — Claude Boisot 1677 — Jean Jacques Boisot — Jean Antoine Boisot de Vaire 1706 — Claude Antoine Boquet de Courbouson 1740 — Claude Antoine Catherin Boquet de Courbouson 1773 — Christophe Ignace marquis de Chaillot—Bernard d'Espiard de Saulx—Claude Antoine Jobelot Joseph-Luc-Hyppolyte, comte de Mareschal-Veset 1787 — Joseph Mouret de Chatillon — Marc Jules de Terrier, marquis de Mailleroncourt 1730—de Terrier Santans 1767—François Simon.

LISTE DE CONSEILLERS LAIQUES. marquis d'Arvisenet 1693— marquis d'Arvisenet 1732 — Alviset seigneur de Charcenne et de Thise 1742 — Belin 1685 — Belin d'Augicourt 1733 — Bietrix seigneur de Pelousey — Boisot — Boisot — Boisot de Vaire 1703 — Boquet de Courbouson 1690 — son fils 1704 — Bouhelier 1720 Broquard de Laverney 1741 — son fils 1789 — Bereur 1700 — de Chaillot 1675 — son fils 1692 — Chifflet d'Orchamps 1715 — Chifflet d'Orchamps 1786 — Chifflet 1775 — Coquelin 1715 — Courlet de Vrégile 1704 — son fils 1715 — Damey 1787 — Domet de Vorges — son fils 1781 — Doroz — Doyen de Laviron 1688 — Faure — Favière de Charmes 1789 — Foillenot 1789 — Hugon 1705-1722-1764-1782-1780 — Lampinet 1700-1710-1715 Lebas marquis de Bouclans 1748 — Maire de Bouligney 1789 — Maréchal de Sauvagney 1787 — Maréchal de Veset 1693 — son fils 1695 — Maréchal de Charentenay — Maréchal de Longeville — son fils 1753 — Marquis de Talenay 1759 — Marquis de Peintre — Masson — son frère 1709 — Masson d'Eclans — marquis de Masson 1789 —|Matherot de Desne — Mayrot de Mutigné — son fils 1705 — de Mesmay 1688 — de Mesmay de Genevreuille — de Mesmay de Quincey — son fils 1780 — d'Orival 1684 — son petit fils 1733 — d'Orival 1776 — Perrin de Saux — Pusel de Boursiéres 1711 — Pusel de Servigney 1743 — Raymond — Richard de Prantigny — Varin — son fils — Varin — Vaudray de Sascenay — Vuilleret de Brottes — son fils 1789 — Terrier de Mailleroncourt — son fils 1740 — Tinseau de Gennes — Tinseau de Morre 1732.

---

(1) M. Dufresne est actuellement premier président de la Cour impériale de Besançon. Il a été nommé en remplacement de M. Alviset, vers 1853. Fils de Xavier-Augustin Alviset, écuyer, seigneur de Maisières, M. le premier président Alviset, avait pour aïeul et pour bisaïeul les présidents au parlement, Alviset de Charcenne.

(2) A partir de cette liste, les dates désignées ne sont pas celles des nominations. Elles indiquent des époques auxquels vivaient les dignitaires du parlement.

GOUVERNEURS DE BESANÇON.

Avant son assujétissement à l'Espagne en l'année 1664, Besançon, cité impériale et libre, était administrée par une municipalité élective de 28 notables, dont 14 avaient alternativement le pouvoir exécutif et étaient appelés co-gouverneurs. Quatre d'entr'eux, c'est-à-dire un par bannière ou quartier, présidaient pendant 8 jours à tour de rôle les réunions et avaient les plus grands pouvoirs. Ils prenaient le titre de nobles, et cette noblesse patricienne se transmettait à leurs descendants. Le parlement, les chapitres et la confrérie de Saint-Georges la reconnurent et l'admirent.

La liste des principaux gouverneurs qui suit, est extraite d'un manuscrit intitulé la *Galerie armoriale des familles nobles et patrices de la cité impériale de Besançon, par Chifflet* abbé de Balerme. Elle contient, avec leur orthographe, tous les noms, qui ont pu être retrouvés par l'auteur du manuscrit.

1260 — Pavillon — Benoist — de Choys — de Ruffey — de Berne — Bonvalot. — 1271 — Masson — Benoist — Gaillard — de Berne. — 1274 — Pavillon — de Berne — de Ruffey — Grisson — Maistre — Benoist — Bonvalot. — 1275 Gaillard — de Fraisans — Garnier — Augnet. — 1276 — Varin — d'Athalans Pavillon — Navarret — de Berne — Malechat — Gaillard. — 1280 — Petit — de Berne — Mercier — Blacon — de Ruffey.— 1281 — de Gurs — des Granges — du Change — Bonvalot — de Rosey. — 1284 — Roussard — Mathalan — Ravier — de Goux — Benoit. — 1287 — Gaillard — Benoit — de Furtes. — 1290 — De Choys — Mestier. — 1291 — Benoit — le Chin — du Chasne — Crochet — de Chaux — Michiel — Barbier — de Goux — Bannelier — Cheval. — 1292 — de Poille. — 1295 — d'Amagney — Gaberé — Lombard — Mouchet — de Berne — 1296 — Porcelet. — 1300 — Lombard — De Saint-Quentin — du Poid — de Lantenne — de Berne — de Villette — Bernardon — d'Aspremont — de Noseroy — Bourgeois — Barbier — Malechat — de Vaux. — 1308 — Villemin — Mayer. — 1313 — de Villette — Damestay — Gaillard — du Poid — Michel — Navarret — de Villette — Buchèles — Landry — Mouchet — Chifflet — Quarré — de Fustes. — 1314 — Perrin — Benoit — Gambour — Bourgeois — de Noz — Mouchet — Cheval — de Presle — Le Musard — le Verrier — Thiébaud. — 1315 — Lantenne — Parvellat — Lombard. — 1319 — Bonvalot — de Fustes — le Chin — de Baume — Petetat — Vauchier — 1324. Porcelet — d'Ornans — de Noz — de Noz — Bonvalot — Mouchet — 1345. Navarret — Quarré — du Clos — de Noz — Benoit — 1383. de Choye — Parcheminier — Michiel — Gavillard — de St-Paul — de Roche — du Change — Naisey — de Chaffoy — Du Change — De Melloz — Damatars — de Villette

— Bouvot — 1384. Michiel — de Nelle — 1385. Mouchet —
Thomassin — de Vernantois — du Change — le Bon — 1395.
de Villette — 1397. Tessour — Bonvalot — de Clerevaux — de
la Tour — Michiel — Dauxon — le Chin — de Chaffoy —
d'Arbois — 1405 Thierry — Cortot — Thomassin — de la Borde
— le Blanc — le Clerc — d'Auxon — Donzel — Despotots —
1406. Malmissert — Navarret — Vaucaire — 1408. de Chassagne
— de Montjustin — le Roy — 1409. Clerevaux — 1412 Grandvaux
— Navarret — le Chin — Malmissert — Millot 1417. Robert —
Cellier — Grenier — du Change — de Grandmont — des Bos —
Bonvalot — 1419. de Roiches — 1420. Daniel — de Villette —
de Quingey — Bachelerie — de Clerevaux — Armenier — de
Chaucenne — Guillaume de Montpelier — 1422. de Clerevaux —
de Roches — de Dampierre — de Villette — 1423 de Quingey —
de Grandmont — de Cousture — de Villette — Robert — d'Or-
champs — 1425. Pillot — Despotot — de Dôle — Malmissert —
Damatey — Daniel — 1428. Mouchet — 1429. Perréal — Grenier
— d'Eschenoz — d'Euvrard — Boilleau — 1432. le Blanc —
Période inconnue — 1466. Prevost — Lanternier — Despotot
— d'Aigremont — de Clereval — Grenier — Daniel — Clerc —
Tabellion — Mouchet — Bonvalot — d'Achey — Grenier —
1467. Arménier — Sixsols — Despotots — Tartarin — Maillefert
— Pillot — 1468 Cléron — d'Orsans — Boilleau — 1474. de la
Tour — 1480. Varin — 1497. Montrivel — Ludin — Pillot —
Bercin — de la Ferté — Jouffroy — Prévost — Grenier — Despotot — de Petitepierre — Mouchet — Grenier — Tonnet —
1498. Guillaume — 1499. Perréal — 1500 Jouffroy — 1501 d'Orsans — Mouchet — 1502 Bongarçon — 1508 Louys Nardin —
1510. Bercin — Despotot — 1513. de Ferrières — 1514. Bercin
— 1515. Gauthiot — 1517. de Ferrières — Bonvalot — 1519.
d'Orchamps — 1520. Ludin — d'Anvers — 1521. de la Ferté —
de Chaffoy — 1524. Bonvalot — 1525. Bercin — 1527 Valignet
— 1528. de la Tour — 1529. Sauget — 1530. Chambrier —
Perrenot-Granvelle — Boncompain — Petremand — 1531 Montrivel — Pillot — Bonvalot — de la Tour-St-Quentin — Chambrier — Prévost — d'Anvers — de Jouffroy — de Jouffroy —
Perrenot — Gauthrot — Bonvalot — Nardin — Mouchet — de
Chaffoy — Boncompain — Reud — 1533. de Chaffoy — Grenier.
1536. Pierrefontaine — Buson — Monnier — 1537. Nicod —
Sage — d'Anvers — d'Auxon — Pillot — Nasey — 1538. de
Vers — d'Achey — d'Auxon — 1539. de Scey — 1540. Viennet
— d'Anvers — 1541. Jeantet — de Ferrières — Febure —
Grégoire — Despotot — 1542. Luillier — Girard — 1544 Grenier
— 1545. Chambard — Monnier — 1546. d'Orchamps — de
Jouffroy-Novillars — 1548. Outrey — Petremand — 1549. d'A-
chey — 1550. Brocard — Marquis — Febure — 1553. Chifflet
— Garnot — de Mesmay — Chosal — de Vaivre — Perrenot —

Rigauld — 1555. Mercier — de Jouffroy — 1556. Mirabel — Tornand — Prévost — Nardin — de Fallerans — 1557. de la Tour — Lambert — Despotot — Recy — 1558. Bichet — Lullier de Raucourt — 1559. Nasey — Tissot — 1560. Mareschal — Borrey — de Chaffoy — 1561. d'Orsans — 1562. de Jouffroy — d'Anvers — Beau — 1563. Chapuis — Pillot — 1564. Sage — 1566. de Casenat — Montrivel — 1569. Nardin — 1571. Nardin — Malarmey — 1573. de Montoiche — Varin — Richardot — Despotot — 1574. d'Achey — Huot d'Ambre — de Chavirey — 1575. Lambert — de la Tour — 1578 Jaquelin — 1579 Benoit — Vigoureux de They — 1580. d'Anvers — d'Achey — Marquis — 1582. Picournot — Gauthiot d'Ancier — Chassignet — 1584. Pillot de Chenecey — 1585. Petremand — de Jouffroy-Gonsans — Gaudot — Montrivel — Millotet — 1587. Dorival — Chifflet — Tornand — de Valimbert — 1588. Estienne — 1591. Brocard — Perrenot-Cantecroix — Guibourg — 1593 Jacquot — Cabet — 1594. Buson — 1595. d'Anvers — Varin — 1596. de Jouffroy — Montrivel — 1597. de Basle — Mareschal — Estienne — 1598. Habitey — de Jouffroy-Gonssans — Varin d'Audeul — Chassignet — 1599. de Chavirey — 1600. Cabet — Sauget de Gennes — 1601. de Montoiche — 1602. de Valimbert — 1604. Henry — d'Enskerque — 1606. Nardin — 1609. Millotet — Fauche de Dompré — 1610. d'Oyselet — Chapuis de Pelosey — 1612. Mareschal — Chevannay — Clerc — 1614. Philippe — 1618. Chifflet — Varin d'Audeul — 1619. Sauget — Montrivel — Flusin — 1620. Petremand — 1621. Jugnot — Poutier de Sônes — 1624. Franchet — Gaudot — 1625. Despotot — Belin — 1627. Dorival — Morel — 1628. Chassignet — 1631. Petremand — de Jouffroy — Jannet — Val — 1634. Mareschal — 1635. Montrivel — La Baume Saint-Amour — Varin d'Audeul — (sans dates) — de la Borde — de Valimbert — Brocard de Lavernay — Reud — Mareschal — de Jouffroy — de Chavirey — Boitouzet — Guibourg — Mareschal Sarragoz — Nardin de Montarlot — Buson — de Chaffoy — Monnier — Bouvot — Brocard de Grosbois — Garinet — 1642. Alviset — Chapuis — d'Orival — Philippe — d'Orchamps — Chassignet — Varin d'Audeul — Flusin — Chevannay — Belin — Petremand — de Lisola — Daniel — Bouvot — Franchet — Tinseau — Chandiot — de Noydans — Fuldey — Guibourg — du Chasne — Papay — 1651. Biétrix — Nicolas — Millot — Beau — Clément — Roy — Paris — Blancheteste — Buson — Mareschal — Boisot — Mareschal de Bougey — Cabet — Mareschal d'Audeul — 1660. Mareschal — Boisot — Jannet — Langlois — 1662. Chifflet — 1662. Bouvot.

ERRATA.

—

Page 7, colonne 11, ligne 12. — Page 53, colonne 2, ligne 14 : *une orle*, lisez : un orle.

Page 9, colonne 2, ligne 24 : *un aigle*, lisez : une aigle.

Page 10, colonne 2, ligne 30 : *bellettes*, lisez : billettes.

Page 11, colonne 1, ligne 40 : *Blondeau, de Charnage*, lisez, Blondeau-de-Charnage.

Aux pages où se trouvent esl mots *croisselles*, et *recroissetées*, lisez, croisettes, recroisettées.

Page 18, colonne 1, ligne 2. — Page 24, colonne 2, ligne 3 : *Copeaux*, lisez : coupeaux.

Page 19, article *Clairon*, lisez : de Clairon.

Page 19, colonne 2, ligne 22 : *Clermon d'Amboise* etc., lisez : Clermont d'Amboise.

Page 44, colonne 1, ligne 20 : *Mouchet de Battafort*, lisez : Mouchet de Battefort.

Page 47, colonne 1, ligne 20 : *accompagnée*, lisez, accompagné.

Page 52, colonne 1, ligne 41 : *Rifcharme*, lisez : Richarme.

Page 62, Villersexel (de), lisez : Maison éteinte et relevée par celle de Faucogney, dont les armes sont de gueules à 3 bandes d'or.

Page 65, ligne 20 : *1690*, lisez : 1390.

Page 72, omission d'une ligne au bas de la page; à la suite de Matherot, lisez :

de Menoté — Pernot 1607 — Sachaut 1608 — Mercier 1609 —

Montluçon, Imprimerie CRÉPIN-LEBLOND.